スピリット・ウォーズ

―見えざる敵にうち勝つ―

クリス・バロトン

Originally published in English under the title
Spirit Wars Published by Chosen,
a division of Baker Publishing Group,
Grand Rapids, Michigan,49516,USA

この作品を、霊的牢獄に捕らえられているすべての人に捧げます。自由になることを待ちこがれ、平安を求めて戦っている人が本書を読み進むとき、たましいの安らぎ、また、心の平安と喜びを見出しますように。

目次

序文

私たち夫婦は、バロトン一家とは三二年の付き合いになります。彼らは、私たちにとって最も大切な友人です。私たちの子供たちも、バロトン家との交わりの中で育ちました。私たちは人生を共にしてきたのです。実際、バロトン家を建設中、彼らは私たちの家で一緒に暮らしていました。私は「スピリット・ウォーズ」が紐解かれるのを目撃しました。本書は、いわゆる「理論」とはまったく懸け離れたものです。塹壕（ざんごう）の中で鍛えられた人生を土台とした、現実的で、客観的で、成果を期待できる内容です。私は「いつまでも幸せに暮らしていきたい」という思いを大いに応援しますが、それと同じくらい強く思わされることは、生まれた瞬間から、私たちは戦いの只中にいるということです。ただしその戦いは、すでに勝ち取られているのです。

クリスは、その驚くべき預言のミニストリーで名が知られています。まさにその通りの人物です。彼の知名度は、今や国際的になりました。彼の前に次々と開かれる働きの扉。不可能と思える状況の中に入って行き、神の栄光のために変化をもたらす彼の大胆さ。私はそれらを見て驚嘆しています。クリスは、ミニストリーの中で霊的な力が働くことでも有名です。人々の必要が癒しであるか霊的解放であるかは、問題ではありません。どちらの場合でも、彼は十分使命を果たすことができるからです。

彼はまた、御国の福音の説教者としても、世界中でその際立った有能さが認められています。彼の教えの才能がもたらすインパクトは絶大で、計り知れません。けれども私は、天においても地獄においても彼の名が知られていることには、もう一つ理由があると思っています。彼と本当に親しい者たちだけが了解している理由です。それは、クリス・バロトンが、状況の如何（いかん）にかかわらず、神に信頼する人物であるということです。彼こそは、神の友だと思います。

この本の内容が展開していくのを見ていた私は、時には楽しく、時には心が痛みました。そのことを思うと、ローマ書にあるあの有名な箇所を想起せずにはいられません。「**今の時のいろいろの苦しみは、将来私たちに啓示されようとしている栄光に比べれば、取るに足りないものと私は考えます**」（ローマ八・18）。クリスが家族と共に勝ち取った勝利は、彼が味わった痛みに対する相応な報い以外の何ものでもありません。彼はその痛みに勝利したのです。

クリスには多くの著書があり、そのすべてが、数え切れない人々に、いのちや人格の回復や洞察をもたらしています。しかし私が思うに、本書ほど興奮を覚えさせられる一冊はありません。私が赴（おもむ）く多くの所で、尋常ではない霊的な苦しみを抱えた人々が、助けや洞察を求めて私のもとにやって来ます。それらの苦しみを見ると、私はクリスが通らされた体験をいつも思い出すのです。私は多くの人に、クリスの証のCDを聞くよう奨めています。なぜなら、それを聞いた人は変えられるからです。しかしCDも去ることながら、本書はより一層完成されています。この本は、ＣＤでは触れることができなかった、霊的な戦いの核心を捕えています。そればかりか、この本は霊的解放のマニュアルとしても使用可能で、何度でも繰り返し読める内容になっています。

確かにクリスは親しい友人ですが、もし彼が霊の戦いを強調するあまり、読者の意識を悪魔に向けさせてしまうようであれば、私は彼のミニストリーにも、この本にも興奮を覚えることはまったくないでしょう。しかし私は、これまでの彼の歩みを見てきました。彼はどんなことがあっても、敵に目を向けることを拒否してきました。彼の目は、信仰の創始者であり完成者であるイエスに、常に向いています。

預言者の生涯は、例え話だとよく言われます。預言者たちの生き様を通して、神はキリストの教会にメッセージを語っているのだと。もしそうなら、(私はそうだと信じているのですが)、クリスの自由な姿は、神の栄光をこの上もなく高らかに讃えることになるでしょう。なぜなら、敵は彼に悪をもたらそうとしたのですが、神はそれを一八〇度、益に変えたからです。解放されたクリスは、解放する者になったのです。

私は心をわくわくさせながら、この本をあなたに推薦します。それは本書を通してあなたが豊かに実を結び続け、そのすべての栄光がイエスに帰されることを承知しているからです。

ビル・ジョンソン／「神の臨在をもてなす」、「神とともに見る夢」、「顔と顔を合わせて神を見る」の著者

カリフォルニア州レディング市ベテル教会主任牧師

謝辞

キャシー、霊的束縛からの解放を求めて、ぼくが長年にわたり苦しんでいた間、傍らで苦しみを共にしてくれて、ありがとう。君はたびたび真夜中に目を覚ましては、ぼくのために祈ってくれました。ありがとう。ぼくが深く傷ついていたときでも、ぼくに信頼してくれて、ありがとう。とりわけ、今に至るまでぼくを愛してくれて、ありがとう。

序論

本書を執筆する以前に、私は六冊の本を書きました。出版社に原稿を提出するとき、彼らが決まって尋ねてくる質問は、「この本を執筆するにあたり、どのような資格をお持ちですか」というものです。彼らは私の肩書きや、有名大学の学位について知りたいのです。しかし私がこの本を書くに至ったのは、自らの悪霊体験によります。若いクリスチャンであった私は、三年余りの間、ひどく悪霊に憑かれた状態でした。私は、恐れと強迫観念と不安の博士号を持っています。そのため、本書は私が執筆した作品の中で、最も難しい一冊となりました。

書くのが大変だったのは、何を書いたら良いかがわからなかったからではありません。逆に、わかるからこそ大変だったのです。本書を執筆するにあたり、生涯で最悪の体験をいくつも思い出さなければなりませんでした。しかし私は、主が私を解放してくださった日に、「同じ苦しみを持つ人の役に立つために生涯を捧げる」と主に約束してしまったのです。その結果、過去三十年間、私は文字通り何千人もの霊的捕虜や霊的囚人を解放しました。

ところが三年前に、私がこれまでにも増して注意深くならざるを得ない出来事が起こりました。私の娘、そして後には息子までもが、悪霊の攻撃によって殺されそうになり、家庭全体が崩壊する恐れが生じたのです。この激しい戦いの只中で、私が決心したことがありました。それは、誰かの娘や息子、父親や母親を、自分の目の前で絶対に殺させはしないということでした。私の祈りと目標は、この本を通して何百万人もの人々が、捕虜収容所に行く前に、霊的牢獄(ろうごく)を打ち破り、悪魔のわざを打ち砕けるよう整えられることです。

知らぬが仏

多くの人は、知らぬが仏だと言います。しかし神は、「**わたしの民は知識がないので滅ぼされる**」と言っています(ホセア四・6)。この惑星に住んでいるのは、目に見える生物だけだと思っている人がなんと多いことでしょう。クリスチャンまでもがそう思っていることには驚愕(きょうがく)します。その不思議について使徒パウロは、次のような言葉で説明し始めました。「**さて、兄弟たち。霊的な賜物についてですが、私はあなたがたに知らずにいて欲しくないのです**」(第一コリント一二・1、英語聖句を直訳)。この箇所にある「賜物」という言葉は、ギリシャ語原典には書かれていません。ですから実際のところこの聖句は、「さて、兄弟たち。霊的なことについて、私はあなたがたに知らずにいて欲しくないのです」と書かれているのです。そしてパウロは、霊の世界がどのように機能しているかを示す具体例として、御霊の賜物の使用について語り始めます。

クリスチャンは通常、この目に見えない世界を知的なレベルにおいてはある程度認めています。しかし個人的な意見としては、彼らは霊の世界が、自分たちの日常生活に影響を及ぼしているとは信じていないと思います。霊の世界について教えることは、一八〇〇年代を生きていた人に、ばい菌が実在していて、それが人を病気にしたり、時には死に至らせる恐れさえあるということを納得させるようなものです。過去二世紀における医学や科学技術の発展により、以前は見ることができなかった自然界に対する人類の理解は飛躍的な進歩を遂げ、多くの生命が救われました。

自然界で起きた医学の急成長と同様のことが、霊的な分野においても当てはまります。こんにち社会では、霊の領域を理解したいという飢え乾きが急激に強まりつつあります。多くの書籍や映画のテーマとして、天使や悪霊が取り上げられるようになっています。不可解なベール越しに見え隠れしてきた目に見えない領域が、あたかも世界中を魅了しているかのようです。「ハリーポッター」や「ロード・オブ・ザ・リング」のような書籍や映画は、現代人が霊の領域を知りたい、体験してみたいと渇望していることの見本です。

私たちは、天使や悪霊が私たちの生活に影響を及ぼし得ることを理解しなければなりません。さもなければ、私たちは見えない世界の餌食になるのです。パウロは次のように述べています。「あなたがたは自分の罪過と罪との中に死んでいた者であって、そのころは、それらの罪の中にあってこの世の流れに従い、空中の権威を持つ支配者として今も不従順の子らの中に働いている霊に従って、歩んでいました」（エペソ二・1〜2）。言い換えれば、イエスを知る以前、私たちは文字通り、悪霊どもの操り人形だったということです。

先進国に住む人の多くにとって、「空中の権威を持つ支配者」なるものが存在していて、一般の民衆を支配しているなどと想像することは難儀なことだと思います。彼らにとって、目に見えないものがこの世に存在しているという考えは、例え話か、サンタクロースやイースターバニーの御伽噺（おとぎばなし）のように思えるはずです。逆に発展途上国の人々は、霊の世界を問題なく信じることができるでしょう。なぜなら悪霊の影響は日常茶飯事だからです。彼らの文化においては、呪術医、祈祷師、ブードゥー教聖職者などが台頭しており、住民のほぼ全員が悪霊の世界を直に体験しているからです。

自由の戦士

「悪霊からの解放を求めて戦っている人々」などと言われると、ジャングルの中にある仮兵舎の地べたの上で、泥まみれになって戦っている古（いにしえ）の戦士を思い浮かべるのではないでしょうか。しかし私自身の経験から、悪霊はアフリカのような発展途上国とまったく同様の影響力を、先進国においても持ち合わせています。単に影響の現れ方が違っているだけです。

例えばアメリカ合衆国では、呪術医やブードゥー教聖職者は、あまりいないかもしれません。しかし「自由なる大地、勇者の故郷」（訳注・合衆国の国家の歌詞の一節でアメリカを指す）においても、他の地域と同じように、人々は悪霊にとりつかれているのです。悪霊を払いのけて天使を配置する方法を理解すれば、邪悪な企ての虜（とりこ）になることと、喜びに満ちて生きることとの違いをはっきりさせることができます。

読者は、私が何でもかんでも悪霊のせいにするタイプの人間だと思っているかもしれませんが、そうではありません。しかし長年縛られていた悪霊から解放されたばかりのときは、そういう一時期を過ごしたことを認めます。けれどもこの本を読み進む中で、読者は私の手法が実践的で、バランスの取れたものであることに気がつくことと思います。

各章を綴（つづ）るにあたり、自らの経験や精神医学の専門家たちの助言、そして神の言葉のそれぞれを重視するよう努めました。本書を通して、罪や敵との見えざる戦いに勝利する方法を学ぶにつれ、読者が自由と喜びを見出してゆくことを願っています。

第一章　平安を求めて

一九七五年、遂に私は、夢見ていた女性との結婚を果たしました。五年もの間、待ち焦がれていたのです。

私がキャシーに出逢ったのは、彼女が一二歳（私が一五歳）の時でした。私たちは湖の真ん中で、いかだに乗っていました。彼女が一三歳になる前に、私たちは婚約したのです。キャシーの家族は、彼女が高校を卒業するまでは結婚させない意向でした。そこでキャシーは授業を余分に取り、がむしゃらに勉強して一年早く卒業したのです。この結婚までの数年間は、まるで拷問のようでした。私たちを更に苦しめたのは、五〇キロ近くの遠距離恋愛だったことです。ですから私たちは、週末にしか会うことができませんでした。私は金曜日にキャシーの実家に行き、泊めてもらっていました。日曜日に私が帰るときは、キャシーは道路の真ん中に立って泣きながら見送ってくれました。週の間は毎日何時間も電話でおしゃべりし、半徹になることもしばしばでした。会えないときの数時間は数日のように感じられ、数日は数ヶ月のようでした。

一九七三年、私はカリフォルニア州サニーベール市のサニーベール高校を卒業しました。その年はカーペンターズの「愛のプレリュード」（訳注・原題の直訳は「私たちの関係は、まだ始まりにすぎない」）が大ヒットした年で、この曲が卒業アルバムのテーマになりました。それは同時に、私とキャシーにとっては預言的でもありました。というのは、私が卒業する数ヶ月前に、私たち二人はクリスチャンになったからです。私たちは、いわゆるジーザス・ムーブメントで信仰を持ち、明確な新生体験をしたのでした。私たちの信仰生活は興奮に満ちていました。

七月のある暑い日に、待ちに待った結婚式が行われました。三〇〇人が見守る中、私たちは誓いの言葉を交わし、みなの祝福を受けながら長々と口づけしました。こうして私たちの船は、大いなる愛の海原（うなばら）に向けて出発したのでした。私たちの結婚生活は多くの場合とは異なり、最初の年は地上の天国のようでした。やることと成すことすべてが遊びのようでもあり、互いを知り合うことでもあり、いつも笑いながら過ごしていました。私はベイエリアで自動車の修理工場を経営し、修理工として働いていました。キャシーが会計を担当しました。共働きのため収入も良く、まもなく新居を購入しました。私は子作りを先延ばしにしたかったのですが、キャシーはすぐにでも欲しがっていて、妻ならではの方法でいつもせがむのでした。キャシーは隙を突いて私をだしぬき、まもなく一人目を身篭りました。

嘆きの時

　すると突然、季節が変わり、私たちの小船は巨大な嵐に遭遇し、沈みそうになりました。それはキャシーの妊娠を皮切りに起こりました。彼女がひどいつわりになったのです。一日に五〇回くらいは嘔吐し、八ヶ月の妊娠期間中、痩せ続けました。ベッドから降りることも大変だったくらいです。

　キャシーが妊娠の苦しみと戦っている一方で、私は修理工場で大きな重荷を負っていました。二十歳の私が、一三人の従業員を管理するのは大変でした。私は毎日一二時間、週六日間働き、昼食をとる暇もほとんどありませんでした。その結果、私の主な食事内容は、キャンディーバーとコーラ、ポテトチップという有様でした。

　ある週末の夜、長く厳しい一週間の仕事を終えた私は、風呂に浸かって疲れた体を休めていました。キャシーはつわりで、ベッドに横になっていました。約一時間後、私は風呂から上がろうとして立ち上がりました。ところがその瞬間、「俺は死んでしまう！」というとても強い予感が走ったのです。

誰もがそうであるように、私にも悪い予感が走ることはありました。しかし今回のは別格でした。今回は、あたかも動物たちが驚いて逃げ出すときのようなパニックが、体中を駆け巡ったのです。全身が震え、心臓は胸から飛び出すくらい高鳴り、鼓動は調整不能な状態でした。全身から力が抜けてしまい、湯船から出ることができませんでした。私は湯船の中に頽れ、必死な思いでキャシーに助けを求めました。臨月の彼女はやっとの思いでベッドから立ち上がると、風呂場に駆けつけました。私は身動きできず、亡霊のように真っ青になって怯えていました。話すこともままならない状態でしたが、口篭りながらも何とか心臓発作が起きたことを伝えました。キャシーは懸命になって私を湯船から引っぱり出し、ベッドに寝かせました。そしてかかり付けの医師に電話するため、キッチンに急ぎました。この先生は自動車修理工場の常連客でした。先生はキャシーを通して私にいくつかの質問をし、私の症状は心臓発作ではなく、パニック症候群だと結論付けました。これが三年半に及ぶ地獄の日々の始まりだとは、私には知る由もありませんでした。

地獄の旅で天を求める

最初のパニック発作が起きてからというもの、私は恐れを持ち続けるようになりました。仕事に出掛けることが本当に大変になりました。毎朝、ベッドから抜け出るだけのために、持てる力をすべて搾り出さなければなりませんでした。日中に修理工場で働いている間中、まるで嵐の波が激しく浜辺に打ちつけるかのように、極度の不安感が私のたましいをうろたえさせました。私は仕事に集中するのが精一杯でした。日中もさることながら、夜間は更にひどい有様でした。パニック発作がひっきりなしに続き、悪夢のように私を痛めつけました。悪い出来事が起こることを想像したり、自分が恐ろしいことを仕出かすことを思い描いては、恐怖感で頭の中が一杯になりました。頭の中では、そういった思いは幻想に過ぎないとわかっていても、とてもリアルな感覚があったのです。自分は気が狂ってしまうのではないかと思うこともしばしばありました。熟睡することができず、毎晩シーツが汗でびしょ濡れになりました。

試練に入ってから数ヵ月後に、娘のジェイミーが生まれました。キャシーと私は、はじめての子どもを見て胸を躍らせましたが、赤ん坊によるストレスが増えたことで、私の戦いは激しさを増しました。そのような状況の中で、キャシーは異彩を放ちました。赤ん坊の世話と私を慰めるのとで夜に何度も起きなければならず、たいていの女性なら音を上げるところですが、彼女はびくともしませんでした。戦いに耐えられるように、神が特別な恵みを与えていたとしか考えられません。彼女は嵐の中の慰めであり、厄介な状況に平和をもたらす力でした。

心を休める間もないまま、一年が過ぎました。ゆったりとした生活をしようと、キャシーと私は修理工場を畳んで、山間部に引っ越すことにしました。移転先はカリフォルニア州のルイストン。人口約九〇〇〇人で、トリニティーアルプスの山中にある町です。荒野での生活は、私たちが以前住んでいた車の往来が激しい都市部に比べると、実にゆったりとしていました。しかしそれが災いとなり、私の内側では騒がしさが増し加わることになりました。

　時が経つにつれて恐れは強くなり、家族生活の至るところに影響が出ました。私は閉所恐怖症になり、パニックになるのを避けるため、（冬でも）車の窓を明け切って運転しなければなりませんでした。元来社交的な性格だった私が塞ぎ込むようになり、人を敬遠しました。友人が訪ねてくると、キャシーに頼んで彼らを連れ出してもらいました。人の多い場所には行けなくなり、おのずと買い物や外食、映画鑑賞など、人前に出る行為はすべて止めなければなりませんでした。教会には通い続けたものの、後ろのほうの席に座り、礼拝の最中に何度も退席して、息抜きしなければなりませんでした。

　例によって、キャシーはそれらすべてにまったく動じませんでした。若いにもかかわらず、なぜか偉大な信仰の持ち主だったのです。お陰で私たちは、すべての煩わしさを乗り越えることができました。振り返ってみると、若い頃から主がキャシーを、この戦いのために備えていてくださったことがわかります。キャシーの母親は重度の癲癇で、ひと月に四、五〇回の発作を起こしていました。父親が留守のときは、たいていキャシーが学校から帰って家で母親の面倒を看ていたのです。ですから子供ながらも、キャシーは家族の中の安定した戦力でした。そのような頼れる存在を妻にしてくださった神に、私は感謝しました。

テロリストの攻撃と牢獄の破壊

私たちは、カリフォルニア州ウィーバービルといって、ルイストンから三二キロくらいのところにある町に、小さな自動車修理工場を開きました。商売はうまく行きましたが、家計は苦しい状態でした。私たちはいつも早起きしてジェイミーを車の座席に寝かせると、食事のおかずにするために、自宅を下ったところにある川に魚を釣りに行きました。都市部で共稼ぎをして結構な収入を得ていた生活が、田舎で私一人だけの貧相な給料に頼る生活に変わったことは、かなりのカルチャーショックになりました。（「大草原の小さな家」から受ける田舎生活の印象は、間違いなく過大評価されていると思います。）

こんな調子で、更に二年が過ぎました。最悪の状態だと思っていた矢先に、悪霊の攻撃が始まりました。悪霊どもは、夜になると文字通り部屋の中に入ってきて私を苦しめました。部屋の明かりが点いたり消えたりし、壁にかかっていた絵画がひとりでに落ちたりするのです。電話が数分毎に鳴り、受話器の向こうから誰かが変なことを言ってきたり…。私は、多くの人は悪霊や悪のかもしれません。しかしもし読者が、過去や現在に同じような体験をしたことがあるなら、霊魔、天使などの存在を信じないことを承知しています。ですから本章の内容は、受け入れ難いもの存在を信じてほしいと思います。

この厳しい嵐の生活が三年目に入る前には、キャシーはすでに二人目の愛娘であるシャノンを生んでいました。しかし私の状況は耐え難いものになっていきました。ストレスによって私は心の平静を失い、いつも吐き気をもよおしていました。下痢がおさまらず、食べ物は上から下に流れていく感じでした。私は家族をとても愛していましたが、内面の苦しみが余りにもひどく、これ以上生きていたくありませんでした。自殺するつもりはありませんでしたが、神が私をこの世から取り去ってくれるなら、家族にとってはそのほうがずっとマシだと思いました。キャシーには、普通の夫と出逢って欲しいと思いました。私は繰り返し神に叫びました。けれども神は遠く離れたところにいて、まるで私のことを気に掛けていないかのようでした。神を信じ始めた最初の二年間に感じていた神への愛が消え去り、ひどい恐れに取って代わったように思えました。

ある冬の早朝のこと、びっくりするようなことが起こりました。これはまだ私たち四人が、ルイストンに住んでいた頃のことです。いつものように私は眠れずにいました。夜中の三時頃に起き上がり、体に毛布を巻きつけて居間に行きました。家族を起こさないようにステレオの音量を低くし、スピーカーのすぐ脇に寝転がりました。山間部でラジオの受信状態は良くありませんでしたが、夜中のトークショーでも聞いて気持ちを紛らわそうと思ったのです。

　いくつか放送局を探した後で、ある説教者の番組に行き着きました。受信状態が悪く、説教者が語る言葉の三分の一か四分の一くらいしか聞き取れませんでした。それでも雑音に混じって、説教者が何を言っているのか聞こえました。そしてその話は、私の人生を永久に変えることになったのです。

　説教者はテモテに対するパウロの勧めの言葉を引用していました。「**神が私たちに与えてくださったものは、恐れの霊ではなく、力と愛と慎みとの霊です**」（第二テモテ一・7、英語聖句直訳）。そして説教者は説明を加えました。「恐れは、霊です。ある方々は、自分は気が狂ってしまいそうだと思っていますが、あなたはただ、精神病の霊の声を聞いているだけなのです。あなたが考えていることが、すべて自分自身から出たものだと思ってはいけません。悪霊どもは、自分たちの思いをあなたの中に入れることによって、あなたに語っているのです。」

　私は度肝を抜かれました。クリスチャンが精神病にかかることはあると聞いていましたが、悪霊に憑かれるとは教えられていなかったからです。それまで受けていた教えでは私の問題解決にはならないことに、その夜はじめて気がつきました。

　私はラジオを切り、どうすればいいのかイエスに尋ねました。すぐに私の霊の中で声が聞こえました。「あなたはこれまで、精神病の霊と恐れの霊の声を聞いていたのです。今すぐあなたから立ち去るように、それらの霊に命じなさい！」

居間に仰向けになった私は、静かながらも確信のある声で命じました。「精神病の霊と恐れの霊よ。イエスの名によって、今すぐ私から去れ！」

何も見えませんでしたが、私の体から何かが突然起き上がるのを感じました。私は鉛の毛布のような感覚を、実際に感じました。歯科医院でレントゲンを撮るときに羽織る鉛の毛布です（訳注・日本ではエプロンのような形）。それが私の体から浮き上がったのです。体の震えが完全に止まり、平安がたましいを満たし、頭の中がすっきりしました。喜びが心から溢れ出し、私は三年ぶりに声を出して笑いました。奇跡が起きたのです。私はそのことを、キャシーや世の人たちに伝えたくなりました。

自由で居続ける

あの夜の体験が、何か特別なものであることはわかっていました。しかし本当に解放されたことを、私が完全に理解していたわけではありませんでした。というのは、この体験以外で私が見たことのあった霊的解放は、凄まじい痙攣（けいれん）を伴うものだけだったからです。憐れな人をクリスチャンたちが取り囲み、悪霊に向かって「出て来い」と命じるミニストリーです。そのミニストリーを受けた人たちは、悪霊よりもむしろクリスチャンたちに心を傷つけられて、集会を去って行くことが多かったのです。私はそのようなミニストリーには、かかわりたくありませんでした。(私はキリスト教界において健全な解放のミニストリーが行われていることを知っていましたが、それに出逢ったことがなかったのです。)

あの夜私が体験したのは、何かの霊的なまやかしでもなければ、精神状態によって体が影響を受けて起こった出来事でもありません。私は解放されたのです。一週間余りの間、私は完全な自由を楽しみました。三年間にわたる地獄の日々のあとで平安に満たされたことは、驚くほどの快感でした。喜びが戻り、食欲も回復し、病的な症状もすべて消え去りました。悪霊現象も起こらなくなり、数年ぶりにぐっすり眠ることができました。

しかし、喜びも束の間。私は厳しい現実に直面しました。自由になることは、自由で居続けることとは違っていたのです。ある寒い夜のこと、私は愛車のジープに乗って仕事場から帰宅していました。清流に沿った街路灯のない小路が、くねくねと曲がりながら森の中を走っていました。自由になれた解放感で興奮した私は、大声で叫びました。「このことをみんなに話してやるんだ。俺は何千人もの人たちを自由にしてやるぞ！」

その瞬間、ある声が思いの中で言い返してきました。「このことを誰かに話したら、お前を殺すぞ！」

突然、すべての症状がぶり返してきました。ひどいパニック発作に襲われ運転ができなくなったので、道路脇の排水溝に車を停めました。心臓が高鳴り、過呼吸状態になりました。

すると、静かながら力強い声が私に語り掛けました。「悪魔はあなたを憎んでいるのですか？」その声の主（ぬし）は聖霊だと本能的にわかりました。

「はい。」と私は答えました。

「ではどうして悪魔は、あなたが救われたときにあなたを殺さなかったのですか？」

「わかりません。」私は依然として平静を取り戻そうとしていました。

「それは、悪魔にはそれができないからです。あなたが悪魔に権利を与えない限り、悪魔にはあなたを支配する力はないのです。」

平安がたましいの中に、再び湧き出てきました。そして数分の間に、不安が少しずつ離れ去って行きました。私はまた叫びました。「俺は自由だ。自由なんだ！」

それから何年もの間、この場面が思いの中で何度も繰り返され、私は平安を保ち、自由で居続けることができるようになりました。

解放されて平安のうちを歩む

森の中の小さな家で解放を体験したあの運命的な夜から、約三〇年が過ぎました。この三〇年間に、私は何千人もの人たちの手助けをし、彼らは自由になり、慰めを見出し、平安のうちを歩むようになりました。

けれども二年前、もう一つの個人的な問題が起こり、それが約七ヵ月間続きました。この苦しみの中に多くの学びがあり、それによって恐れや不安、圧迫感や鬱との戦いに関して、別の側面を学ぶことができました。あたかも、その方面の博士号を取得したかのような気分です。集会の中で自らの経験を分かち合うたびに、私は聴衆の方々からたくさんの話を聞き、力になって欲しいと嘆願されました。

鬱や圧迫感、恐れや不安、パニックなどを扱ったキリスト教書籍や一般書籍をいろいろ読みました。中には役に立つものもありますが、正直なところ、そういった書籍は不正確なだけでなく有害であり、逆に一層強力な束縛をもたらすものが少なくありません。

また何人かの精神衛生の専門家や内科医とも話しましたが、それらの症状の根本原因を理解している人はほとんどいませんでした。問題なのは、たいていの精神衛生の専門家は（彼らがクリスチャンであっても未信者であっても）、霊的な世界を無知蒙昧な人々によって語り継がれてきた、御伽噺のようなものとしか考えていないことです。

また、霊の世界を信じ、その領域の奉仕をしているはずのクリスチャンカウンセラーでさえ、人間の三層構造について見識のある人は多くありません。私たち人間は霊・魂・肉体で構成されていますが、それらの相互間の影響について理解しているカウンセラーはほとんどいないのです。カウンセラーたちはたいていの場合、患者の否定的な症状の原因は、患者自身の霊にあると考えています。そのため、残りの三分の二である魂と肉体に原因がある場合、彼らはまったく役に立ちません。

もちろん、人間の三層構造のそれぞれを取り扱っている、聖霊に満たされたクリスチャンカウンセラーは存在します。しかし、ごく稀にしかいません。根本的な原因を理解した上で、対処療法で終わらない賢明かつ有用なカウンセラーがもっと必要です。

私が直近で体験した霊的突破（ブレイクスルー）のお陰で、この問題をテーマとした本を書くのに必要な知恵が与えられました。実際はそのブレイクスルーを体験する前から、つまり最悪の苦しみの中にいたときから、この本を書き始めていました。その苦しみから学んだことが、いくつかの章の臨床的洞察（どうさつ）の材料となっています。本書が、精神衛生に関するすべてを網羅（もうら）しているわけではありません。しかし本書は、自ら平安を見出し、それゆえに他の大勢の人たちの助けとなった、体験の持ち主によって書かれた本です。

私が自分の病歴を通して学んだ貴重な真実の一つは、クリスチャンとは「新しく造られた者」だということです（第二コリント五・17参照）。また、それゆえ私たちの戦いは、私たちの古い性質に対する戦いではない、ということです。私たちの肉は弱いかもしれませんが（マルコ一四・38参照）、今はもう道徳的に堕落した状態ではなくなりました。敵はそれとは逆のことを信じさせようと、懸命に働きます。その目的は、私たちが敵に立ち向かうのではなく、自分自身に矢を向けるようにすることです。自己破壊は、その症状が肉体に現れるか、魂に現れるか、霊に現れるかの違いはあるにせよ、あらゆる形態の不安や鬱に共通する症状なのです。

本書の中心目標は、自己破壊に関する洞察を読者に学ばせ、その破壊的な行動パターンから抜け出す知恵を得させ、本当になすべき戦いに向き合う勇気を得させることです。そしてその戦いとは、勝利が約束された戦いです。読者は喜びの中を歩み、平安を見出し、悪の軍団の猛攻に対して自己防衛する手段を学びます。また、読者自身が今までにない自由を見出すばかりか、他の人にもストレスのない人生を送らせる方法を、新たに学ぶことになります。

本書を読み進む中で、読者が平和の君と出逢うことができ、霊・魂・肉体における全人格的な癒しを受けることができますように。

第二章　お化け屋敷に住んでいませんか

山の中をくねりながら走る細い道を背の高い松林が囲んでおり、その中に古びた丸太小屋があります。それは炭鉱夫のバンガローなのですが、切り立った崖の陰にあるため、昼間でもめったに日の光に照らされることはありません。古びて腐食した正面のポーチに近づき、横木を跨(また)いで錆付(さびつ)いた鉄の扉に手を伸ばすと、不気味な感覚があなたを襲います。ギシギシときしむ音のする扉をこじ開けると、そこには薄暗い部屋があります。腐食したカビの臭いに襲われますが、あなたは勇敢に敷居を越えて中に入ります。前のほうを注視すると、使い込んですすだらけになった古風な川石暖炉が見えました。右側には手作りの古いロッキングチェアーがあります。地元の山で切り出した木で作られたものです。地元の人たちが言うには、百年くらい前、年老いた炭鉱夫がこの家に住んでいて、その椅子に座ったまま殺害されたそうです。

この話が怪奇もののはじまりのように響いたなら有難いところです。というのは、まさにそのものだからです。これは私がたまたま聞いた話です。その古い丸太小屋は、トリニティーアルプスの山中にあるのですが、私の二人の友人がお金に困り、格安の賃貸物件を探して一時期その丸太小屋に住みました。ところが、それはお化け屋敷だったのです！冗談を言っているのではありません。町の人たちはそこがお化け屋敷だと警告したのですが、二人は信じませんでした。ある闇夜に、その年老いた炭鉱夫が二人の部屋に現れ、熟睡していた二人を起こして死ぬほど怖がらせたそうです。その話は数ヶ月間にわたって語り継がれ、遂にはその二人が私のところにも話しに来たのでした。

私たちはその丸太小屋に行きました。私は友人たちを従えて丸太小屋に入りました。真っ暗な部屋の中を進んで行くと、まるで深い霧のように、恐れが私の心の中に立ち込めました。そして突然、彼が現れたのです！

「ぎゃーっ！」私は叫びました。身の毛がよだつ、とはこのことです。しかし次の瞬間、霊の世界に対する私の印象は、完全に変えられてしまいました。「これは老炭鉱夫が蘇って友人たちを脅かしているのではなく、悪霊が死人に変装しているのだ」私はそう直感しました。

この啓示によって、これまではなかった権威が私に与えられました。私はその邪悪な霊に、建物から出て行き、二度と戻って来ないよう大胆に命じました。小さな部屋で、二つの王国が霊的にぶつかり合っている間、友人たちは恐れおののいて呆然としていました。しかし数分後、悪霊は退散し、古びた丸太小屋はきよめられました。

死体との格闘

このお化けの話は、パウロがエペソのクリスチャンたちに教えた真理が、真実であることを力強く証言しています。「**私たちの格闘は血肉に対するものではなく、主権、力、この暗やみの世界の支配者たち、また、天にいるもろもろの悪霊に対するものです**」（エペソ六・12、強調は著者）。

しかし私の友人たちと同様に、大勢のクリスチャンたちが悪霊によるペテンの餌食（えじき）になっています。クリスチャンたちは、洗礼によって、古い人が十字架という海で溺れ死んだと教えられました。彼らはガラテヤ二・20を引用して、「私はキリストとともに十字架につけられました」と語ることができます。彼らはみなローマ書を読んだことがあり、彼らの古い人は死んでいるとか、死んでしまったとか、十字架につけられたとか、死んだものと思いなさいなど、三〇回以上も書かれていることを知っています。死んだ、死んだ、死んだ、死んだ、死んだと！ところが死んだはずの人が、あたかも生き返ったかのように繰り返し現れてきます。中には、死体をコンコン蹴りながら一生を送っているクリスチャンもいます。彼らは死体と格闘し、すでに死んでいる敵に向かって体力を消耗しているのです。しかしその一方で、本当の敵は、彼らを牢屋の外からあざ笑っています。

こういうクリスチャンは、自宅軟禁状態にあると言えます。彼らはまるで考古学者のように、古い人の墓を掘り起こしながら人生の大半を過ごしているのです。秘宝でも発掘できるのではないかと夢見ながら…。けれども彼らが発見するのは、失望、自責、恐れなどの干からびた骨だけです。

お化け屋敷に住んでいるクリスチャンが、こうもたくさんいるのはどういう訳なのでしょうか。ひと言で言うなら、彼らは聖句に書かれているままの霊的現実に生きていないのです。すでにキリストとともに十字架につけられてしまった現実に。彼らは、救われる前の自分と、救われた後の自分の違いを、本当の意味で認識したことがありません。その理由の一つは、彼らの多くが、新約聖書の「肉」という用語の意味を誤解していることにあります。

「肉」と格闘しているのだと思い込んでいるクリスチャンたちがそう考えるようになったのは、パウロの言葉によります。パウロはローマ七・18～24で、罪深い肉の性質と格闘しています。

私は、私のうち、すなわち、私の肉のうちに善が住んでいないのを知っています。私には善をしたいという願いがいつもあるのに、それを実行することがないからです。私は、自分でしたいと思う善を行わないで、かえって、したくない悪を行っています。もし私が自分でしたくないことをしているのであれば、それを行っているのは、もはや私ではなくて、私のうちに住む罪です。そういうわけで、私は、善をしたいと願っているのですが、その私に悪が宿っているという原理を見いだすのです。すなわち、私は、内なる人としては、神の律法を喜んでいるのに、私のからだの中には異なった律法があって、それが私の心の律法に対して戦いをいどみ、私を、からだの中にある罪の律法のとりこにしているのを見いだすのです。私は、ほんとうにみじめな人間です。だれがこの死の、からだから、私を救い出してくれるのでしょうか。

あなたがどう思っているかは、よくわかります。「新約聖書のうち一三書簡を執筆した偉大なる使徒パウロが、自分の罪深い肉の性質に縛られていたのなら、私ごときが罪の性質に勝てるはずがない。」もし使徒であるにもかかわらず、パウロが罪との戦いについてそう書いたのであれば、あなたの考えは妥当だと思います。しかし実際はどうなのかというと、パウロはこの箇所で、救われた後のことではなく、救われる前のことを書いているのです。パウロがこの箇所を現在形で書いているのは、パリサイ人時代の苦しみを強調するためです。キリストを知らずして律法の教師を勤めることが、どのようなものであるかを描写しているのです。律法はパウロに善悪を教えてくれましたが、正しく歩む力は与えてくれませんでした。律法に関して学べば学ぶほど、パウロは罪深さを感じるようになったのです（ローマ五・20参照）。救われる前から救われた後に至るまでの出来事に関して書かれたパウロの論文を本当に理解するには、七章以前に戻って七章の背景を捉えなければなりません。

これから述べる内容は難解で、よく誤解されます。私が聖書的な土台を築きますので、一緒に学んでいきましょう。パウロが罪と信者の関係について、人生を変革する素晴らしい真理を提示していることが、読者にもすぐにおわかりいただけるはずです。それでは、ローマ六章の聖句をいくつか見ていきます。

それでは、どういうことになりますか。恵みが増し加わるために、私たちは罪の中にとどまるべきでしょうか。絶対にそんなことはありません。罪に対して死んだ私たちが、どうして、なおもその中に生きていられるでしょう。…私たちの古い人がキリストとともに十字架につけられたのは、罪のからだが滅びて、私たちがもはやこれからは罪の奴隷でなくなるためであることを、私たちは知っています。死んでしまった者は、罪から解放されているのです。（1～2節、6～7節）

パウロはこれらの節の中で、古い人がキリストとともに「十字架につけられた」（過去形）と明確に述べています。古い人が死んだ結果、私たちはもはや罪の奴隷ではなくなりました。なぜかというと、死人は罪を犯さないからです。そればかりか、「罪のからだ」（七章24節の「死のからだ」と同じものです）は、廃棄されてしまったのです。言い換えると、多くの人が戦いを挑んでくると思っているその古い死体は、もはや存在すらしていないのです。けれども、その死体が生き返ると私たちが信じると、偽りに力を与えることになります。そしてその偽りは、偽りの父であるサタンが、私たちの人生にお化け屋敷を作り上げる機会をもたらすのです。パウロが次のように述べているのは、そのためです。**「このように、あなたがたも、自分は罪に対しては死んだ者であり、神に対してはキリスト・イエスにあって生きた者だと、思いなさい。…というのは、罪はあなたがたを支配することがないからです。なぜなら、あなたがたは律法の下にはなく、恵みの下にあるからです。…罪から解放されて、義の奴隷となったのです」**（ローマ六・11、14、18）。私たちは、自分は罪に対しては死んだ者である、と思う必要があります。この「思いなさい」に当たるギリシャ語は会計用語で、（すべての事実を）数えなさい、評価しなさい、考慮に入れなさい、というのが文字通りの意味です。すると結論はこうなります。「私たちは、罪に対して死んだ者である。」つまり私たちは、すでに解答がわかっている数学の問題を計算しているようなものです。計算をやっていて、答えが違っているのであれば、戻って事実を確認する必要があります。

再婚に伴う特権

さて、パウロは、私たちが罪に死んでいると述べていることがはっきりしました。そこで、ローマ七章の冒頭にあるパウロの言葉を検証しましょう。肉との格闘についての箇所の直前の部分です。パウロの深遠な教えを得られるかもしれません。

それとも、**兄弟たち**。あなたがたは、律法が人に対して権限を持つのは、その人の生きている期間だけだ、ということを知らないのですか—私は律法を知っている人々に言っているのです。—夫のある女は、夫が生きている間は、律法によって夫に結ばれています。しかし、夫が死ねば、夫に関する律法から解放されます。ですから、夫が生きている間に他の男に行けば、姦淫の女と呼ばれるのですが、夫が死ねば、律法から解放されており、たとい他の男に行っても、姦淫の女ではありません。私の兄弟たちよ。それと同じように、あなたがたも、キリストのからだによって、律法に対しては死んでいるのです。それは、あなたがたが他の人、すなわち死者の中からよみがえった方と結ばれて、神のために実を結ぶようになるためです。私たちが肉にあったときは、律法による数々の罪の欲情が私たちのからだの中に働いていて、死のために実を結びました。しかし、今は、私たちは自分を捕らえていた律法に対して死んだので、それから解放され、その結果、古い文字にはよらず、新しい御霊によって仕えているのです。（ローマ七・1〜6）

パウロは、夫婦関係に例えて、罪の束縛からの解放について述べています。夫婦関係は律法と同じように、死ぬまで解かれることのない契約です。もし妻が夫と離婚して別の男性と結婚した場合、彼女は律法によれば姦淫の女です。しかし彼女の最初の夫が死んだ場合、彼女が再婚しても姦淫の女ではありません。なぜなら夫の死によって二人の婚姻関係が解消されたからです。

では私たちは、パウロの解説をどのように自分に適用すればよいのでしょうか。律法、つまり古い契約は、私たちの最初の夫です。しかし私たちの場合、十字架で死んでしまった者です。キリストが十字架で死んだとき、私たちもキリストとともに死にました。そして私たちと古い契約の関係は終わったのです。そしてキリストが復活したとき、私たちもキリストとともに蘇りました。そして新しい契約の中で、キリストと結ばれた（結婚した）のです。キリストは私たちを律法の支配から解放し、私たちの新しい夫になったのです。この新しい夫婦関係においては、私たちが古い結婚に基づく様々な義務に束縛されることはもはやなくなったのです。

私は昔、最初の夫であるロー・リッポウ氏との結婚生活と、二番目の夫であるジーザス・メグミ氏との結婚生活の違いを述べた、素晴らしい話を聞いたことがあります。確認してみたことはありませんが、この話は実話だと言われています。

ある若くてとても美しい女性が、子供の頃から好きだった男性と結婚しました。ところが結婚してみると、その男性は怒りっぽくて、卑劣で、亭主関白だったのです。新婚旅行の夜のこと、ベッドに座っていた夫は新妻に一枚の紙を差し出しました。それは、彼女が果たさなければならない義務と責任が書き出してあるリストでした。妻はその後十年間、すべての規則を守ろうと努めましたが、どうしてもできませんでした。そんなある日、夫が心臓発作で急死しました。

数年後、この女性は再婚しました。今度のお相手は王子様のような男性です。彼は彼女を愛し、溢れるばかりの愛情を彼女に注ぎました。二人の結婚生活は、素晴らしいものでした。多くの年月が過ぎたある日のこと、妻は嫁入り道具を掃除していました。そのとき偶然、最初の夫から新婚旅行で渡されたリストを見つけました。そこに書かれた要求の数々を見返した彼女は、不安な思いで一杯になってしまいました。すると驚くようなことに気づきました。あの頃は努力しても守ることができなかった要求の数々を、今は新しい夫への情熱のゆえに、みな自然にやりこなしているではありませんか！

パウロがローマ七章で述べているのは、まさにこのことです。パウロは数々の規則のもとで生きていたときに味わった、悲惨な束縛の経験を思い起こしていたのです。それによって私たちに、古い夫婦関係と新しい夫婦関係の驚くべき違いを理解させるためです。

新しい霊・思い・からだ

パウロはローマ八章で、「他の男と結ばれた」私たちが（英語聖句直訳）、以前とはどれほど違う状態にあるか説明しています。

なぜなら、キリスト・イエスにある、いのちの御霊の原理が、罪と死の原理から、あなたを解放したからです。肉によって無力になったため、律法にはできなくなっていることを、神はしてくださいました。神はご自分の御子を、罪のために、罪深い肉と同じような形でお遣わしになり、肉において罪を処罰されたのです。肉に従う者は肉的なことをもっぱら考えますが、御霊に従う者は御霊に属することをひたすら考えます。肉の思いは死であり、御霊による思いは、いのちと平安です。というのは、肉の思いは神に対して反抗するものだからです。それは神の律法に服従しません。いや、服従できないのです。肉にある者は神を喜ばせることができません。けれども、もし神の御霊があなたがたのうちに住んでおられるなら、あなたがたは肉の中にではなく、御霊の中にいるのです。キリストの御霊を持たない人は、キリストのものではありません。もしイエスを死者の中からよみがえらせた方の御霊が、あなたがたのうちに住んでおられるなら、キリスト・イエスを死者の中からよみがえらせた方は、あなたがたのうちに住んでおられる御霊によって、あなたがたの死ぬべきからだをも生かしてくださるのです。神の御霊に導かれる人は、だれでも神の子どもです。あなたがたは、人を再び恐怖に陥れるような、奴隷の霊を受けたのではなく、子としてくださる御霊を受けたのです。私たちは御霊によって、「アバ、父」と呼びます。

（ローマ八・2～3、5～9、11、14～15）

この箇所は、救われる以前と以降の人間の霊、魂、肉体について述べています。私たちが律法と結ばれていたときは、私たちの霊は死んでいて、罪によって神と引き離されていました。霊的に死んだ状態にあると、人の思い（魂）は、堕落した肉体の罪深い性質の支配下にあります。しかしキリストは、罪に対する有罪判決をその身に受けてくださり、神と私たちの断絶を終わらせてくださいました。また私たちの霊と御霊を一体にすることによって、いのちを与えてくださいました。これにより私たちの思いは御霊に向けられるようになり、思いと肉体の間の戦いは終結し、いのちと平安がもたらされました。最終的には、「罪深い肉」であった私たちの体もキリストの死を共有しました。それにより罪という病は死に、キリストの復活を通して私たちの死ぬべき体にいのちが与えられたのです。私たちの体は、「神を喜ばせることができない」罪深い性質を宿す悪の城塞でしたが、聖霊が内住する聖なる神殿になったのです。

神は私たちを御子と結ばせ、私たちのすべての部分を変えてくださいました。パウロがコリント人への手紙第二で、クリスチャンは「新しく造られた者」だと言っている理由はここにあります。つまり単に霊が新しくされただけでなく、存在全体が新しくされたのです（第二コリント五・17参照）。私たちの性質は完全に変えられました。神に敵対する者から、全身全霊、つまり霊、魂、肉体をもってイエスを愛する聖徒に変えられたのです。

「でもちょっと待ってください。パウロは、肉の性質が神に敵対すると言っていたではありませんか」と読者は思うかもしれません。もう一度見てください。パウロの言葉はこうです。「肉の思いは神に対して反抗するものだからです。」これはどういう意味でしょうか。もし読者が、新約聖書において通常「肉」と訳されているsarx（サルクス）というギリシャ語の使われ方を学べば、その答えははっきりします。読者は、この言葉自体には、否定的なニュアンスも肯定的なニュアンスもないことに気づくはずです。どういうことかというと、このサルクスという言葉は、文脈の違いによって古い性質と新しい創造の両方に使われるからです。つまり私たちの肉体は善の源でも、悪の源でもないということです。「肉」は、霊と魂によって支配されています。特に魂は肉体を制御している部分で、霊と肉体を仲介しています。「肉の思い」という表現は、魂が聖霊と断絶していて、情欲や恐れなどのような偽りや偽の霊力に基づいたプログラムを起動していることを意味しているのです。ガラテヤ人への手紙の中で、パウロはこの「肉の思い」が生み出す行いについて述べています。

「肉の行いは明白であって、次のようなものです。不品行、汚れ、好色、偶像礼拝、魔術、敵意、争い、そねみ、憤り、党派心、分裂、分派、ねたみ、酩酊、遊興、そういった類のものです。前にもあらかじめ言ったように、私は今もあなたがたにあらかじめ言っておきます。こんなことをしている者たちが神の国を相続することはありません」

（ガラテヤ五・19〜21）

しかし繰り返しますが、霊がキリストにあって生かされているとき、魂はこの「肉の思い」の支配から解放されているのです。今や私たちには、「御霊に属することをひたすら考える」自由と責任があるのです。私たちの思いが御霊に向いているなら、私たちはもはや情欲に支配されてはいません。逆に私たちは、真の霊的価値観と目的に従って肉体を従える力を持つのです。

第一にパウロは、私たちは「肉」を養い、育てるべきだと教えています。「だれも自分の身（訳注・直訳は「自分の肉」）を憎んだ者はいません。かえって、これを養い育てます。それはキリストが教会をそうされたのと同じです。私たちはキリストのからだの部分だからです」（エペソ五・29〜30）。この箇所の「育てる」に相当するギリシャ語は、thalpo／サルポーといい、第一テサロニケ二・7「それどころか、あなたがたの間で、母がその子どもたちを養い育てるように、優し

くふるまいました」の「養い育てる」と訳されているギリシャ語と同じものです。もし新しい人の肉が神に敵対するのであれば、母親が自分の子どもを優しく育てるようなやり方で肉を大切にしろと、聖書が教えるはずがありません。

第二にパウロは、ローマ六・13で「**あなたがた自身とその手足を義の器として神にささげなさい**」と述べています。もし読者が旧約聖書を読んだことがあるなら、神を礼拝するのに使われた「器具」や「ささげ物」は、洗いきよめられていたことをご存知でしょう。パウロがこの書簡を書き送ったローマのユダヤ人たちが、これらの聖句の意味を見落とすはずがありません。つまり私たちの体は、キリストにあって汚れなくきよいのです。

自己欺瞞（じこぎまん）

では実際に即して考えてみましょう。恐らく読者は、「もしクリスチャンが新しく造られた者で、もはや肉との戦いがないのなら、なぜクリスチャンは依然として罪を犯すのだろう。今でも罪の性質を持っているからではないだろうか」と疑問に思っているのではないでしょうか。

ならば私はこう尋ねます。アダムとエバが堕落したとき、彼らは罪の性質を持っていましたか。答えは「いいえ」です。アダムとエバのお陰で、罪の性質がなくても罪を犯すことがわかりました。

神が人を男と女とに造られた後、神はすべての被造物をご覧になって、「非常に良かった」と言われました（創世記一・31参照）。もしアダムとエバが罪の性質を持っていたなら、神は彼らを「非常に良かった」とは言わなかったはずです。

このことから何が分るかというと、クリスチャンが罪を犯すのは、自由意志と、偽りを信じてしまう弱さによるという事です。信者はみな、その二つの要素を持っています。だからこそ使徒ヨハネは、罪からきよめられる前の自分の姿について、自分を欺（あざむ）いてはいけないと教えたのです。

もし、罪はないと言うなら、私たちは自分を欺いており、真理は私たちのうちにありません。もし、私たちが自分の罪を言い表すなら、神は真実で正しい方ですから、その罪を赦し、すべての悪から私たちをきよめてくださいます。…私の子どもたち。私がこれらのことを書き送るのは、あなたがたが罪を犯さないようになるためです。もしだれかが罪を犯すことがあれば、私たちには、父の前で弁護する方がいます。義なるイエス・キリストです。（第一ヨハネ一・8～9、二・1、強調は著者）

私たちは誰でも罪のある者、つまり罪を犯す傾向にある者、としてキリストのもとに来ます。ヨハネはそのことを明確にしたのです。つまるところ、罪人を救うのは神だけです。どれほど卒がなく、愛情深く、気前がよく、親しみやすい人であっても、イエスを知らない人は生まれながらに間違いを犯す傾向にあるのです。そういうわけで、自分には罪がないから赦される必要もないと言うなら、それは第一番目の自己欺瞞となります。

しかしヨハネの手紙の目的は、私たちが罪を犯さなくなることです。これは、キリストから受けたきよめによって、罪を犯してしまう弱さが取り除かれた場合にのみ成り立つ論理です。実は、私たちが受洗を通して体験したことはこれなのです。私たちの古い性質が溺れ死に、「アバ、父よ」と叫ぶ新しい霊を持って水から上がって来たのです。私たちの本質は、生まれながらにしてキリストのように天の父を愛し、慕い求める素晴らしい存在なのです。私たちのうちに、悪は本質的に存在しません。私たちは天の心を持っているのです。

事実、神は、私たちに聖い生活をさせる準備として、大それたことをしてくださいました。つまり私たちが罪を犯した場合のために、私たちを弁護してくださる方をも備えてくださったのです。そういうわけで、私たちが罪を告白した後にも罪を犯し続け、それでも自分は神を知っていると言うなら、それは第二番目の自己欺瞞となります。そしてこの自己欺瞞に至る一番の近道は、クリスチャンであっても生まれながらの罪人であると信じることです。もし自分は罪人だと信じるなら、私たちは罪を犯し続けることになるのです。

キリストのうちに留まるなら、クリスチャンは罪を犯し続けることがないと信じるように、ヨハネが教えているのはこのためです。次のように書かれています。「**だれでもキリストのうちに**

とどまる者は、罪を犯しません。罪を犯す者はだれも、キリストを見てもいないし、知ってもいないのです。だれでも神から生まれた者は、罪を犯しません。なぜなら、神の種がその人のうちにとどまっているからです。その人は神から生まれたので、罪を犯すことができないのです」（第一ヨハネ三・6～9）。

これは力強い言葉ではありませんか。「だれでも神から生まれた者は、罪を犯しません。」この箇所に書かれていることこそ、まさに私が言わんとしていることです。神を知っている私たちは、肉との戦いの中にはいないのです。私たちはもはや罪人ではないのです。しかし私たちには、よこしまで邪悪な敵が存在します。彼こそが罪人なのです。この敵は、クリスチャンは邪悪な性質を持っていると言って、止めどなく責め立てています。敵は私たちに自分の言うことを信じ込ませ、私たちの本来の姿を忘れさせようとしています。その目的は、私たちから資格を剝奪(はくだつ)し、敵を踏みつける使命を果たせないようにすることです。

ただし私は、クリスチャンは罪を犯す「選択」を絶対にしないとか、あるいは、ひとたび新生したならば悔い改める必要はまったくない、と言っているのではありません。先述したとおり、罪を犯すかどうかは、自由意志および、敵の偽りを信じる弱さにあります。そしてクリスチャンはみな、その両方を持っているのです。ですから私たちは罪を選択するかもしれませんし、その結果、悔い改めが必要になるかもしれません。私が述べているのは、クリスチャンは自然のままでは罪を犯さないということです。というのは、クリスチャンはもはや律法と結び合わされた「罪の性質」を持っていないからです。私たちの古い性質は、キリストとともに十字架につけられました。私たちは、新しい契約の中でキリストと結び合わされ、新しく造られた者なのです。

この強力な真理に対抗する形で、惑わしの神学がキリスト教会に浸透しています。新生したのちも罪を犯すのは、それが私たちの性質だからであるという教義です。私は、この教義は悪霊によるものだと確信しています。悪魔は、罪、邪悪さ、中毒、その他、様々な形の束縛が、クリスチャンの性質の中に根ざしていると信じさせたいのです。そうすれば敵は私たちを苦しめることができ、しかもそれを私たちの古い人のせいにすることができます。しかし失われた羊の例え話の中で、イエスは次のように言っています。「**あなたがたに言いますが、それと同じように、ひとりの罪人が悔い改めるなら、悔い改める必要のない九十九人の正しい人にまさる喜びが天にあるのです**」(ルカ一五・7)。この例え話は、御国にいる一般的な状態のクリスチャンには、百人中九九人が悔い改めの必要がないことを示しているのです。正常な信仰生活は、死んでしまった人との消耗戦ではありません。神とともに歩む、喜び溢れる生活です。私たちの大敵による激しい抵抗が時として許されるのは、その生活に塩味をつけるためです。

同病相哀れむ（同じ不幸を背負った者は互いを理解し合う）

新生したクリスチャンも生まれながらにして罪人であるという惑わしの教えは、私が数名の人たちに、新生したクリスチャンの聖なる性質について教えていたときに鎌首をもたげました。私が生徒たちに、クリスチャンはもはや罪人ではなく、十字架の力によって聖徒になったのですと話していました。

要点をわかりやすく説明するために、私は次のように言いました。「私たちのたましいには川が流れていて、その流れは王座に向かっています。仮に私たちがボートを漕がなくても、私たちが行き着く先は神の家なのです。罪の性質はもはや皆さんの性質ではなくなったので、皆さんは努力しない限り罪を犯すことはできません。」

教室の中央にいた背の高い若者がそれ以上我慢できなくなって、不意に立ち上がりました。そしてとても感情的になって叫びました。「先生は、罪を犯さずに一日でも過ごしたことがあるのですか。」

「ああ、勿論あるとも。」と私は答えました。

「なら一週間はどうですか。」と、彼は厳しい面持ちで私を見つめながら言いました。

「あるよ。実際私は、ここ数週間、罪を犯していないんだ。」私は微笑みながら答えました。

完全に敗北した面持ちで、若者は席に腰を落としました。私からすれば、私の講義が彼の励ましにならなかったことのほうが不思議なくらいでした。私は自分が完璧だとか、自分の力や自制心によって何か凄いことを成し遂げたと言ったわけではありません。人間がどれほど努力したところで、自己義認の牢獄に行き着くだけだとよくわかっています。私はただ、自分の歩みにおける聖霊の働きを証しただけです。クリスチャンをすべての真理に導き、内側から成熟させるのは聖霊の責任だからです。

前章で、私は自らの悪霊体験とその苦しみをご紹介しました。私の戦いが長年続いた主因の一つは、私が間違った相手と戦っていたことです。間違った教えが災いし、自虐的な思いや、夜な夜な襲い掛かる恐怖、止め処もない恐れなどは、クリスチャンなら誰もが持っている古い人との戦いだと、私は思い込んでいたのです。この期間の戦いの相手が実際は悪霊だったとは、誰一人教えてくれませんでした。敵の目的は盗むことであり、殺すことであり、私の人生を破壊することでした。

あれから何年も経ちましたが、その間に私が学んだことがあります。確かに信仰生活において、戦いが一定の期間続くことはよくあることです。また、悪霊がクリスチャンを苦しめる手段はいくつもあります。次章では、クリスチャンがしばしば陥り、囚われの身となってしまう罠についていくつかご紹介しようと思います。

第三章　交戦のルール

霊的なぶつかり合いが最も頻繁に起こるのは、それまで悪霊が占めていた領域に私たちが新たに踏み入るときです。ヨシュアが約束の地に入るときや、ネヘミヤがエルサレムの城壁を再建するときに敵が戦いを挑んできたのと同じように、私たちの敵も、私たちが神に約束された霊的領域を獲得し始めるとき、戦いを挑んできます。しかしクリスチャンのほとんどは、約束の地への進入時に遭遇する抵抗が、霊的戦いであることを意識していません。クリスチャンたちは、最初にぶつかり合いが起きた段階で退いてしまいます。なぜかというと、その戦いの真の出所がわかっていないから、あるいはその戦いが目に見えない領域で起きているからです。

悪霊たちが一番よく使う攻撃方法は、聖書が言うところの「火矢」です（エペソ六・16参照）。「火矢」とは悪い思いのことですが、実際には単なる悪い思いではなく、悪霊たちが私たちの思いに入れてくるものの現われです。言い換えると、その思いは私たちの新しい性質に反するものであるにもかかわらず、その行為をさせようとする偽(いつわ)りの感情が伴うのです。そしてその思いを入れてきたのと同じ悪霊が、その衝動的な思いを抱いたことを責め立ててきます。もしその責め立てを信じ込んでしまうなら、私たちは本来の自己像を見失い、落ち込みや不安、自己嫌悪などを持ち始めることになります。

また敵とその軍団は想像力に対しても戦いを挑み、とんでもない幻想や画像を想い描かせます。特にその幻想や画像の真の出所を私たちが理解していない場合、その攻撃はひどく厄介なものになります。偽の思いを伴った「偽りの感情」には、普通、偽の幻想も伴うものです。

思いや幻想のない攻撃を受ける人たちもいますが、その場合は恐ろしい「気持ち」や偽りの感情を伴います。しかし霊的戦いが如何なる様相を呈していようと、一番重要なのは、それが私たちの相続財産を奪い、子どもたちを殺し、命を奪おうとする、敵による邪(よこし)まな企てであることを忘れないことです。

霊的攻撃の調査

私は最近、精神や思いにおける霊的戦いを実際に意識している人がどれくらいいるのか知りたくなり、独自に「霊の攻撃調査」を実施することにしました。世界の様々なカンファランスに招かれて奉仕した際に、次のようなシンプルな質問をしました。「皆さんの中で、車の運転中に自分が何かに衝突して死んでしまう、という強い思いが突然沸いてきたことのある方は、どれくらいいらっしゃるでしょうか。しかもとてもリアルな感覚まで伴っていて、そういう愚かなことを仕出かさないように、思わずハンドルをしっかり握りなおした、という体験です。もしそういう体験がおありでしたら、挙手をお願いします。」

私は、調査の結果に肝を抜かれました。過去一年間に、恐らく一万人余りの方々にこの質問をしましたが、三分の二がそういう体験をしたことがあると答えました。挙手した方々は会場を見渡し、大多数の方々が手を挙げているのを見て、安心したようでした。挙手した方々の大半は、評判の良い堅実な信者です。カンファランスの終了後、私のところにやって来て、自分たちがどうかしていたわけではないことが改めてわかった、と話してくださる方が大勢いるのです。

パウロは第二コリント一〇・３～５で、この霊の戦いに対する戦略について述べています。その中でパウロは、敵は「思弁」や「はかりごと」、「高ぶり」をもって攻撃してくると述べています。敵は私たちにそのような思いを受け入れさせ、同意させせようとします。もし私たちがその思いに乗ってしまうなら、それは少しずつ要塞と化し、いつしか悪霊による惑わしの城塞が出来上がることになります。そして私たちのたましいはそこに幽閉され、邪悪な捕獲者の支配から、君主が助け出してくれるのを待つしかなくなるのです。

パウロが、単に思いを変えるように教えるのではなく、「要塞をも破る」という表現を使って描写しているということは、「思弁」「はかりごと」「高ぶり」といったものは目に見えませんが、霊の世界に実在していることを物語っています。それらは悪霊の力によって存在しており、敵は私たちの協力によって、それらを実体化しようと機会を見計らっているのです。

「思弁」とは、私が車の事故の話の中で述べたような、任意に湧き上がってくる思いのことです。一方、「はかりごと」や「高ぶり」は、より戦略的な破壊工作を狙った体系的思索です。「はかりごと」とは、「もし～だったら、どうなるのだろう」という疑念を特徴としており、そのまま放置すると精神的な問題を起こしかねない憶測のことです。例えば「もし私が癌だったら、どうしよう」とか「妻の帰宅が遅いのは不倫しているからだろうか」とか「もし子どもたちが麻薬に手を出していたら、どうしよう」「もし娘が交際相手の子どもを妊娠してしまったら、どうしよう」などです。こういった憶測には、どれ一つとして益をもたらすものはありません。ただ人を縛るだけです。

「高ぶり」とは、自分にとって悪魔は強大で神は弱小、だと感じさせる哲学のことです。例えば、「いま私たちにできるのは、祈ることだけだ」という言い回しがありますが、これは「高ぶり」が結んだ実です。この霊の影響下にいる場合、私たちは容易く状況の言いなりになってしまいます。まるで自分が、大人社会の中にいる幼い子どものように思えてしまうのです。

思いに戦いを挑んでくるこのような大規模な戦闘は、人間の性質によるものではない、とパウロは教えています。私たちの戦いは血肉に対するものではなく、悪霊の勢力に対するものです。エペソ六・12で、パウロはこの真理をはっきりと教えています。「**私たちの格闘は血肉に対するものではなく、主権、力、この暗やみの世界の支配者たち、また、天にいるもろもろの悪霊に対するものです。**」前章においては、クリスチャンの新しい性質との関連でこの聖句を取り上げました。しかしここでも繰り返したいのは、その新しい性質があるので、今まで学んできた三つの思いが、私たちから出たのではないことははっきりしているということです。そういった思いは、暗黒の世界によって出資された宣伝広告なのです。こういった霊の戦いに勝利する秘訣は、それらの思いが自分から出たのではないことを認め、自分との因果関係を否定することにあります。パウロがピリピのクリスチャンたちに教えたように、私たちもそれらの思いに同調したり、驚いたり、心配したりするのを拒否するなら、それは敵にとっては破滅のしるしとなり、私たちにとっては勝利のしるしとなるのです（ピリピ一・28参照）。

光る目を持つ悪魔

昔のことですが、私はピリピ一・28の実践の仕方を学びました。恐ろしい夢が、私を苦しめ始めたからです。大きな二つの光る目が、ベッドの足元から私を見つめるのです。この光景を見て私はパニックになり、目を覚ますのでした。（まるでホラー映画のワンシーンのように思われるでしょうが、本当のことです。）この状態が何ヶ月も続きました。この夢を見ずに済むようにしようと、思いつく限りのことをすべてやってみました。その目に対してイエスの御名によって命じたり、聖書を何時間も読んでみたり、目が私を見ている間、神を礼拝してみたり…。しかしどれ一つ効果はありませんでした。そんなある日のこと、主がピリピ人への手紙の原則を教えてくださったのです。「どんなことがあっても、反対者たちに脅（おびや）かされてたじろぐことはないのだと。このことは、反対者たちに、彼ら自身の滅びとあなたがたの救いを示すものです。（新共同訳）」主はこれを「無視の力」と呼びました。

その夜、悪霊がまたやって来ました。いつものように私も目を覚ましましたが、今回は準備ができていました。どきどきしながら、赤く光る目を持つ悪霊を見上げて言いました。「やあ、またお前か。」私は寝返りを打つと、再び眠りにつきました。悪霊はその夜、二度と戻ってきませんでした。人を恐れさせることができなくなると、悪霊は支配力を失う、ということに気づきました。

この戦いを通して、このような状況で忘れてはならない、いくつかの原則を学びました。まず初めに、私たちが悪霊に支配権を譲らない限り、悪霊はクリスチャンに対して支配権を持たないということです（たとえ持っているかのように感じてもです）。支配権を持っているのは、私たちのほうです！　第二に、敵は波状攻撃を仕掛けてきますが、それは永久に続くわけではありません。第三に、敵から攻撃を受けることに関して、恐らく私たちの側には落ち度はないということです。実際、私たちが正しいことをしているので、攻撃を受けるというのが普通です。

戦いを仕掛ける

「交戦のルール」について、いくつか具体的に述べたいと思います。これは、ネヘミヤの壮大な物語から私が導き出した原理で、悪霊どもが入れてくる思いに気づき、それを撃退するのに役立ちます。悪霊の捕虜になって収容所に入れられたくないなら、戦いに勝利しなければなりません。そのために何よりも必要のは、交戦のルールを理解することです。ネヘミヤ書は、交戦のルールについて優れた洞察を与えてくれます。

ネヘミヤはペルシャの王宮で、ユダヤ人献酌官として王に仕えていました。ネヘミヤの親類であるハナニが彼のところに来て、エルサレムの状況について話しました（ネヘミヤ記一・2〜11参照）。数年前、祭司エズラはイスラエル人の一団を率いて、ソロモンの神殿を再建するためにエルサレムに向かいました。神殿はバビロンとの戦いによって、破壊されていたのです。エズラたちはどうにか神殿を再建できたものの、何年にも及ぶ過酷な努力の末、エルサレムの城壁や門は、再建するのが不可能であることに気づきました。城壁や門は、住民を守り、領地の境界線を規定するために、なくてはならないものです。

エルサレムの惨憺(さんたん)たる状況を耳にして動揺したネヘミヤは、状況の視察と都の再建のために、王に暇を乞いました。王は暇乞(いとまご)いを快諾したばかりか、ネヘミヤに城壁の再建を委任しました。王は支援者や食糧も送り、イスラエルの周辺国宛てに手紙を書き、ネヘミヤが城壁再建に必要とする資材の調達を支援するよう依頼しました（ネヘミヤ記二・1〜9参照）。

ネヘミヤという名前には、「慰める者」という意味があります。このエルサレムの城壁再建は、慰め主なる聖霊が、信者の人格における境界線を回復し、信者を完成に導くお方であることを見事に予表しています（ヘブル七・11、十一・40、十二・23、ヤコブ三・2、第一ペテロ五・10参照）。エズラの時代のエルサレムと同じように、私たちがイエスを主として受け入れるとき、神が真っ先にしてくだることは、私たちの内なる神殿の再建です。しかし私たちの「城壁や門」は、まだ修復が必要な状態にあるのです。イザヤは次のように書いています。「**あなたは、あなたの城壁を救いと呼び、あなたの門を賛美と呼ぼう**」（イザヤ六〇・18）。新約聖書における「救い」に当たるギリシャ語はSOZO／ソーゾーといい、霊的な復活だけでなく、肉体や魂も含めた全人的な回復を意味しています。聖霊は私たちの壊れた古い思考パターンを矯正し、真理で作られた新しい要塞を築き上げることによって、「救い」と呼ばれている「城壁」を再建するのです。こうして私たちのあらゆる側面が、健やかで丈夫になります。私たちを回復するにあたり、聖霊は私たちの意志を訓練してくださり、神に栄光を帰する思いや価値観、言動を、私たちが選択するようにしてくださいます。

「門」は心の中にある情報の出入り口を象徴しており、人が慎重な選択をするかどうかは、心の「門」次第です。惑わしによって重要な選択が悪影響を受けた場合、心の「門」は無関心という錆付いた扉になってしまい、世俗的な思いという寒風から、私たちを守る役割を果たさなくなってしまいます。そうなると、敵が私たちの心と思いに自由に出入りすることができる状態になるため、私たちが無関心、無気力、受身的であり続けるなら、悪影響を受けた選択の背後に悪霊が潜み続け、気づかれないままの状態になります。私たちが自己満足を振り払い、悪霊の思いに対して心の門を閉ざさない限り、悪霊は退散しません。私たちが門から敵を締め出し、率先して神の御心を受け入れると、敵は戦いを挑んできます。

時間という覆いの向こう側を覗き、私たちのたましいの城壁と門の向こうで起きている目に見えない戦いがどのようなものか、垣間見てみましょう。私たちは、ネヘミヤがエルサレムの城壁を再建した歴史的功績の物語の中に潜入し、敵の戦略を偵察します。ここはネヘミヤの物語の中です。彼が自分の使命を追い求め、ユダヤ人の相続財産を守る決断をし、敵に戦いを挑んだ様子がこの中で説き明かされています。

私は、川向こうの総督たちのところに行き、王の手紙を彼らに手渡した。それに、王は将校たちと騎兵を私につけてくれた。ホロン人サヌバラテと、アモン人で役人のトビヤは、これを聞いて、非常に不きげんになった。イスラエル人の利益を求める人がやって来たからである。

（ネヘミヤ記二・9〜10）

悪魔は、それが如何なる領域であれ、私たちが回復されるのを忌み嫌います。繰り返しますが、私たちが約束の地に入ることを熱心に求めるときに、敵は往々にして、私たちに攻撃を仕掛けてくるのです。ベテル超自然ミニストリー聖書学校に、毎年、何百人もの生徒が入学してくるのを見ると、私はいつもこの原則を思い起こします。彼らの証を聞いてみると、ほとんどの生徒に共通点があることに気づかされます。彼らの証はこのような感じです。「この学校に入る前、私はあらゆる点で順調でした。心には平安があり、神との関係も良好で、思索も正常でした。でも私がこの学校に通い始めてからというもの、状況は一転して厳しくなりました。私のどこが間違っているのかわかりませんが、これまでになく自分が弱くされているように感じます。」

彼らの大半が見落としていることがあります。それは、彼らが直面しているのは霊の戦いであって、人生の選択を誤ったために、神から咎められているのではないということです。むしろ彼らが、自分たちの人格における城壁や門を再建し始めたために、戦いに直面したということです。

戦略的な回復

エルサレムに到着したネヘミヤは、まず初めに城壁を調査し、問題箇所を査定しました。同じように聖霊の働きも、私たちの傷んでいる部分に触れることから始まります。しかし信仰の名の下に、問題に正面から向き合おうとしない人が大勢います。その人たちの言い分は、自分たちは神が奇跡を起こすと信じているので、自分が抱えている問題にではなく、神の言葉に注意を向けているのだというものです。確かにこれは、道理にかなった霊的戦略で、これについては後述します。しかし落胆することを避けるために問題と向き合わないというのは、問題に蓋をしているだけで、信仰による歩みではありません。例えば、神が経済の必要を満たしてくれると「信じている」ので、自分にどれだけ預金があるか考えないとしたら、次の諺を地で行くことになりかねません。

「貴方の支出が収入を上回る時、結末は、貴方の没落である。」

現実を否定することは恐れの産物であって、信仰に基づいた行為ではありません。真の信仰とは、現実を認めた上で絶望しないことです。なぜなら信仰とは、神の目で物事を見ることだからです。

ネヘミヤは現実主義者でした。正確に破損状況を調査しないことには、城壁や門の再建戦略を考案できないことを承知していました。ネヘミヤがどのように調査を実施したか、見てみましょう。

こうして、私はエルサレムにやって来て、そこに三日間とどまった。あるとき、私は夜中に起きた。ほかに数人の者もいっしょにいた。しかし、私の神が、私の心を動かしてエルサレムのためにさせようとされることを、私はだれにも告げなかった。また、私が乗った獣のほかには、一頭の獣も連れて行かなかった。私は夜、谷の門を通って竜の泉のほう、糞の門のところに出て行き、エルサレムの城壁を調べると、それはくずされ、その門は火で焼き尽きていた。さらに、私は泉の門と王の池のほうへ進んで行ったが、私の乗っている獣の通れる所がなかった。そこで、私は夜のうちに流れを上って行き、城壁を調べた。そしてまた引き返し、谷の門を通って戻って来た。代表者たちは、私がどこへ行っていたか、また私が何をしていたか知らなかった。それに、私は、それをユダヤ人にも、祭司たちにも、おもだった人たちにも、代表者たちにも、その他工事をする者たちにも、まだ知らせていなかった。（ネヘミヤ記二・11〜16）

ネヘミヤは「夜中に起き」ましたが、エルサレムに関して神が思いの中に与えてくださった方策を「だれにも告げ」ませんでした。これは、聖霊が私たちを回復し、完全にしてくださることを予表した言葉です。私たちを健全にするために主が立ち上がり、私たちの傷みに光を照らすのは「夜中」、つまり人生の暗闇の期間であることに私は気づきました。しかしこの暗闇の期間に神が多くのことをなしてくださっているにもかかわらず、私たちがまったく気づいていないことが多いのです。働いているのは悪魔だと思っている場合すらあります。私たちは、聖霊と悪霊の違いを見分けなければなりません。聖霊は再建することを目的として傷んだ箇所を調べます。しかし悪霊は弱さをついて私たちを責め立てるだけで、決して癒そうとはしません。ネヘミヤの評価は次のとおりです。

弱さに関するネヘミヤの状況評価と、敵のそれとの違いを見てください。

それから、私は彼らに言った。『あなたがたは、私たちの当面している困難を見ている。エルサレムは廃墟となり、その門は火で焼き払われたままである。さあ、エルサレムの城壁を建て直し、もうこれ以上そしりを受けないようにしよう。』そして、私に恵みを下さった私の神の御手のことと、また、王が私に話したことばを彼らに告げた。そこで彼らは、「さあ、再建に取りかかろう」

と言って、この良い仕事に着手した。（ネヘミヤ記二・17〜18（強調は著者））

敵の評価はこうです。

サヌバラテは、私たちが城壁を修復していることを聞くと、怒り、また非常に憤慨して、ユダヤ人たちをあざけった。彼はその同胞と、サマリヤの有力者たちの前で言った。「この哀れなユダヤ人たちは、いったい何をしているのか。あれを修復して、いけにえをささげようとするのか。一日で仕上げようとするのか。焼けてしまった石をちりあくたの山から生き返らせようとするのか。」彼のそばにいたアモン人トビヤもまた、「彼らの建て直している城壁なら、一匹の狐が上っても、その石垣をくずしてしまうだろう」と言った。

（ネヘミヤ記四・1〜3（強調は著者））

私たちに対して聖霊がそうするのと同じように、ネヘミヤも城壁や門の状況について率直な評価をしています。オブラートでくるんだり、軽く見積もったりしていません。また人のせいにすることもしません。かえってこう言っています。「あなたがたは、私たちの当面している困難を見ている」と。ネヘミヤは問題に関して真実を述べた上で、問題に関して共同責任者の立場を取りました。聖霊が私たちの傷んだ箇所に対処する場合も同様です。聖霊は言います。「**さあ、来たれ。論じ合おう**」（イザヤ一・18）。言い換えれば、「さあ、一緒にこの問題の解決策を検討しようじゃないか」ということです。しかし私たちが自分に問題があることを自覚するまで、聖霊は私たちを助けることができません。私たちが責任転嫁している限り、城壁は壊れたままです。私たちは、痛みを避けて通り過ぎるパリサイ人のままで居続けることになるのです（ルカ一〇・29〜32参照）。あるいは私たちを助けようとする人を批判する評論家として、見て見ぬふりをするかのどちらかです。問題に関する自分の責任を認めたとき、初めて私たちは解決に向かい始めるのです。

ネヘミヤの物語では、サヌバラテとトビヤが、私たちの大敵である悪魔とその軍団に相当する存在です。彼らは城壁が直ることには何の関心もありません。ただ私たちの弱さを暴露したいだけです。彼らの意図は、私たちを滅ぼすことですから。私たちの真の問題を見つけられない場合、彼らは別の問題をでっち上げます。使徒ヨハネは、悪魔を「私たちの兄弟たちの告発者、日夜彼らを私たちの神の御前で訴えている者」と呼んでいます（黙示録一二・10参照）。悪魔は、私たちを非難することを生業にしています。サタンは共同破壊者です。悪魔は私たちの業績など気に留めていません。私たちが何者であろうと、手段を選ばず非難するのです。

同じ嘘

物語の最後の箇所を振り返り、ネヘミヤの日記から更に学びましょう。ここにおける敵のやり口は、罪の誘惑などという繊細な駆け引きではありません。彼らは、やる気まんまんの非難攻撃に訴えています。敵は、信者に対する常套手段である五つの訴えを用いています！

1「この哀れなユダヤ人たちは、いったい何をしているのか。」まず悪魔は、私たちの人間性を攻撃します。

2「あれを修復しようとするのか。」次に、私たちの動機に疑問を投げかけます。

3「いけにえをささげようとするのか。」第三に、神との関係に疑いを持たせます。

4「一日で仕上げようとするのか。焼けてしまった石をちりあくたの山から生き返らせようとするのか。」敵は、私たちには使命を果たす能力がないと思い込ませようとします。

5「彼らの建て直している城壁なら、一匹の狐が上っても、その石垣をくずしてしまうだろう。」最後に、私たちの働きの成果を攻撃します。

敵の策略、陰謀、企ては、数千年前から変わっていません。もうそろそろ人間が悪魔のやり口を見抜いて裏をかいてもいい頃だと、あなたは思うかもしれません。しかし驚くなかれ、悪魔は何世代も前から同じ嘘をつき続けて人々を騙し、同じ犯行現場で彼らを銃撃しているのです。しかもその犯行現場には、「注意」と書かれた何百もの神の言葉のテープが張り巡らされているにもかかわらずです。

ここに挙げるのは、よくある攻撃に打ち勝つ鍵となる原則です。まず初めに、弁護士の同伴なしに悪魔に話し掛けてはいけません。イエスこそ、私たちを弁護する方です（第一ヨハネ二・1参照）。テロリストとは絶対に交渉してはいけません！　必ず主に弁護していただくのです。

サタンが大祭司ヨシュアを訴えたとき、主がどのように対処したかをよく見てください。悪魔は日夜、ヨシュアの過失や短所や罪を責め立てました。そのときヨシュアは、人生で一番苦しい時期にあったはずです。

主は私に、主の使いの前に立っている大祭司ヨシュアと、彼を訴えようとしてその右手に立っているサタンとを見せられた。主の御使いはサタンに言った。「サタンよ。主がおまえをとがめている。エルサレムを選んだ主が、おまえをとがめている。これは、火から取り出した燃えさしではないか。」ヨシュアは、よごれた服を着て、御使いの前に立っていた。御使いは、自分の前に立っている者たちに答えてこう言った。「彼のよごれた服を脱がせよ。」そして彼はヨシュアに

言った。「見よ。わたしは、あなたの不義を除いた。あなたに礼服を着せよう。」（ゼカリア書三・1～4）

私たちの人生における神の働きは、暗闇の支配者に対して、主が公然と叱責を食らわせることです。邪悪な君主たちが私たちに干渉するなら、彼らは危険な領域に立ち入ることになります。私たちは自分の努力ではなく、神の働きによって義とされており、神の恵みの真実は、悪魔の申し立てと誤信をくつがえすからです。

イエスは私たちに、「あわれみを受け、また恵みをいただいて、おりにかなった助けを受けるために、大胆に恵みの御座に近づく」よう薦めています（ヘブル四・16参照）。敵に追い詰められたときは、宮殿に駆け込み、御座の上に飛び乗り、キリストと共に座につくことができます。また状況が余りにも悪化した場合には、死んだふりをして、キリストのうちに隠れることもできるのです（コロサイ三・3参照）。私が苦しみに遭っていたとき、イエスと共に、巨大な御座に座る幻を見ることがよくありました。御座の座面がとても高いので、主の膝の上に飛び乗るときに、主に手伝ってもらわなければなりませんでした。床から数十センチ上のところに座った私は、足をぶらぶらさせながら、敵が私につきまとい、なかなか離れ去って行かなかったことを主に耳打ちしました。敵は宮殿の窓から中を覗き込み、私が主の耳もとで囁いているのを見ると、恐れをなした様子でした。私を困らせた罪を罰するよう主が命じるや否や、敵は建物から逃げ去って行きました。

戦い――家族の問題

ネヘミヤの話に戻りましょう。

そこで、彼らの近くに住んでいたユダヤ人たちがやって来て、四方から十回も私たちに言った。「私たちのところに戻って来てほしい。」そこで私は、民をその家族ごとに、城壁のうしろの低い所の、空地に、剣や槍や弓を持たせて配置した。私は彼らが恐れているのを見て立ち上がり、おもだった人々や、代表者たち、およびその他の人々に言った。「彼らを恐れてはならない。大いなる恐るべき主を覚え、自分たちの兄弟、息子、娘、妻、また家のために戦いなさい。」

（ネヘミヤ記四・12～14）

ネヘミヤが家族のために戦ったのは、素晴らしいことだと思います。彼は親戚の者たちを、城壁が壊れている部分に配置しました。この話を読むと、私の一番下の息子、ジェイソンのことを思い出します。ジェイソンは一五歳のとき、ポルノにはまってしまいました。一ヶ月間悩んだ彼は、自分が束縛の中にあり、止めようとしても止められないことをキャシーと私に打ち明けてくれました。私たちは他の家族にもこのことを話すようジェイソンに助言し、彼の壊れた城壁が修復されるまで、家族みんなで彼を守ろうと提案しました。ジェイソンもそれを承諾してくれました。

戦いは九ヶ月近く続きました。ジェイソンは何度も躓いてしまい、穢らわしいポルノに戻ってしまいました。毎日家族全員でジェイソンのために祈り、彼の本来の姿について思い起こさせました。家族みんなでジェイソンに関して報告義務を果たすようにし、ジェイソンの思い、心の姿勢、日常の行動を見守りました。その後の大変だった期間も、ジェイソンに寄り添い続けました。そしてついに苦しい戦いは終りを告げ、みんなでお祝いしました。この戦いの間、私たちはジェイソンを一度も裁いたり責めたりしませんでした。ただひたすら彼の努力を評価し、励まし続けたのです。ジェイソンは高貴な者となるように召されたのであって、神の娘たちを性の対象にするろくでなしになるためではありません。

私がこの本を執筆している現在、ジェイソンは三一歳ですが、あれ以降、彼がポルノに陥ったことは一度もありません。先日、ジェイソンがこう言うのを聞きました。「自分にはとても太刀打ちできそうもない状況に陥ることがよくあるけど、家族のことを思うと、どんな問題にも立ち向かうことができるんだ。」

ネヘミヤはユダヤ人たちに「自分たちの兄弟、息子、娘、妻、また家のために戦いなさい」と勧めました。自分個人の勝利が、集団の勝利につながることを理解しておくことは大切です。どんな失敗も、他の人に影響しないということはあり得ないからです。しかし自分の生活において自由を勝ち取ると、私たちはそれによって強められ、同じ経験を他の人もできるように、分かち合うことができるのです。

恐れ――悪霊たちの核兵器

ネヘミヤは、恐れが人に対する神のわざを、大きく妨げることに気づきました。恐れは、偽りの神に信頼することです。人はイエスを信じると、聖霊の実を結びます。「**愛**、**喜び**、**平安**、**寛容**、**親切**、**善意**、**誠実**、**柔和**、**自制**」（ガラテヤ五・22～23）。しかし間違った霊の声を聞くなら、不安という茨の繁みに、毒のある実が成長し始め、破壊を刈り取ることになるのです。

恐れは、キリストの教会の中で、最も公然と受け入れられている罪です。恐れは連続殺人犯で、地球上のすべての疾病（しっぺい）よりも多くの殺人を犯した第一容疑者です。恐れは、それが如何なる形であろうと、心臓病や癌、自律神経失調症、精神病、その他のあらゆる病気に影響しています。恐れは、悪霊の働きを人生にお出迎えする玄関マットのようなものです。預言者イザヤは次のように記しました。「**あなたはしいたげから遠ざかる。なぜなら、あなたは恐れることがないからだ**」（イザヤ五四・14、英語聖句直訳）。恐れを拒否するなら、私たちは平安のうちを歩みます。しかし恐れを受け入れてしまうなら、やがて虐げられ、苦しめられ、痛めつけられることになります。

神が恐れを、どれほど危機的なものと見なしているか、理解しておくことは大切です。例えばダビデ王はバテシャバと姦淫の罪を犯し、彼女の夫、ウリヤを殺害しましたが、神はダビデを王座から引き降ろしませんでした（第二サムエル記一一・1〜27参照）。一方、サウル王は、神から統率するように任されていた民を恐れ、主に逆らいました。すると主はサウルから王位を取り去り、それをダビデに与えたのです（第一サムエル記一五・24〜26参照）。

姦淫や殺人は間違いなく恐ろしい悪行であり、社会悪です。私はそれを軽く見るつもりはありません。ただ私は、恐れが持つ破壊的な性質を強調したいのです。恐れは人生における使命を奪い去り、肉体を死に追いやり、街々を破壊しているにもかかわらず、世間ではそれがまったく見過ごされているからです。

ネヘミヤが民の不安を和らげた理由は、ただ「**大いなる恐るべき主を覚え**」るためでした（ネヘミヤ記四・14）。恐れは、神観を傷つけ、損なわせます。あたかも神が、状況に右往左往する、無力な人質であるかのように思わせます。しかし主を覚え、主の御わざを思い起こすなら、私たちは、主の偉大さを心の中に再建することができるのです。主の偉大さを想い巡らすと、信仰という土の中で、確信が芽吹き始めます。そして恐れという幻想はたちどころに暴(あば)かれ、打ち負かされて敗走するのです。

自己価値という武器

ネヘミヤの驚くべき成功は、彼が恐れをコントロールし、使命の喪失を拒否したことの所以(ゆえん)です。ネヘミヤとイスラエルの民は、片手に大工道具、もう片方の手に武器を持ちながら、二ヶ月にも満たないうちに修復作業を終えたのです！この計画は敵にとっては脅威であったため、敵は最後の最後まで、容赦なく妨害しました。民に対する妨害に失敗したサヌバラテと悪の輩(やから)は、今度はネヘミヤの不意をついて、彼自身を殺そうと謀(はか)りました。

さて、私が城壁を建て直し、破れ口は残されていないということが、サヌバラテ、トビヤ、アラブ人ゲシェム、その他の私たちの敵に聞こえると、――その時まで、私はまだ、門にとびらを取りつけていなかった――サヌバラテとゲシェムは私のところに使いをよこして言った。「さあ、オノの平地にある村の一つで会見しよう。」彼らは私に害を加えようとたくらんでいたのである。そこで、私は彼らのところに使者たちをやって言った。「私は大工事をしているから、下って行けない。私が工事をそのままにして、あなたがたのところへ下って行ったため、工事が止まるようなことがあってよいものだろうか。」すると、彼らは同じようにして、四度も私のところに人をよこした。それで私も同じように彼らに答えた。（ネヘミヤ記六・1～4）

サヌバラテは、オノという平地で会見しようとネヘミヤを誘いました。「オノ」とは、「強さ」という意味です。私たちにとってこれは、破壊的な要塞です。もしそのようなところに行ってしまうなら、なぜそこが「オー、ノー」と呼ばれているかを思い知らされることになるでしょう。急襲される危険があるときには、高台に留まるべきです。敵が得意とする条件で戦ってはいけません。そこでは敵が待ち伏せを仕掛けて、戦略的な優位を保っているからです。この原則に対する唯一の例外は、聖霊が私たちを荒野に導く場合のみです。その場合は、聖霊が私たちを守ってくれるからです。しかし狼（おおかみ）に取り囲まれた一人ぼっちの迷える羊になることは、避けなければなりません。

ネヘミヤは、自分が大切な使命に召されていることを思い、オノの谷間には近づきませんでした。責め立てる者たちに対しても、ネヘミヤは大胆にこう告げました。「私は大工事をしているから、下って行けない。」あなたも大工事に召されているのです。それはあなたにしかできない、特殊な使命です。だからこそ、私たちが自分について知っておくことは重要なのです。私たち一人ひとりには、得意不得意があります。使徒パウロは言いました。「私は、自分に与えられた恵みによって、あなたがたひとりひとりに言います。だれでも、思うべき限度を越えて思い上がってはいけません。いや、むしろ、神がおのおのに分け与えてくださった信仰の量りに応じて、慎み深い考え方をしなさい」（ローマ一二・3）。パウロは、自己卑下しろと教えているのではありません。信仰の量り（信仰のメトロン）をわきまえ知るように教えているのです。メトロンというギリシャ語は、私たちの影響が及ぶ領域、あるいは権威が働く範囲、を意味しています。私たちは信仰によって、すなわち使命を果たしたり、作業をやり遂げたりする能力について私たちが持っている確信によって、自分のメトロンの大きさを判断することができます。あなたが置かれた環境や状況の中で、気持ちが余りにも抑圧されるようなら、あなたは自分のメトロンを踏み越えてしまっているのかもしれません。その場合、その分野は、あなたの城壁が低くなっている部分なのです。

私は、別の誰かのメトロンを引き受けようとして、自己喪失や落胆という嵐の海で溺れてしまう人をたくさん見てきました。しかし自分のメトロンの内側に留まっている場合、自分は召命を果たせる、という信仰があります。それは、天賦の才能によって使命を果たす自信があるということです。トイレ掃除であれ、国家の指導者であれ、神のためにそれをしているなら、私たちは自分の人生を価値あるものとする「大工事」を行っているのです。この自己価値の実感は、地獄の軍団に対する強力な武器です。自己価値は、主にある自信を防御する見えざる力です。それはたましいを守る信仰の盾なのです。自分の働きが神にとって意義あるものであることを忘れてしまうなら、無防備な状態で敵の攻撃に晒されながら、心の門を出て行くことになるのです。

本来の自分

ネヘミヤは、敵の策略を見分け、それを無力化することの大家でした。ネヘミヤは、悪魔とのタイトルマッチの最終ラウンドで、敵が繰り出してくる偽りのジャブをかわし、敵にノックアウトパンチを食らわします。それはネヘミヤが、主にある自分の本来の姿を思い起こしたからです。

私がメヘタブエルの子デラヤの子シェマヤの家に行ったところ、彼は引きこもっており、そして言った。「私たちは、神の宮、本堂の中で会い、本堂の戸を閉じておこう。彼らがわたしを殺しにやって来るからだ。きょう夜分にあなたを殺しにやって来る。」そこで、私は言った。「私のような者が逃げてよいものか。私のような者で、だれが本堂に入って生きながらえようか。私は入って行かない。」私にはわかっている。今、彼を遣わしたのは、神ではない。彼がこの預言を私に伝えたのは、トビヤとサヌバラテが彼を買収したからである。彼が買収されたのは、私が恐れ、言われるとおりにして、私が罪を犯すようにするためであり、彼らの悪口の種とし、私をそしるためであった。わが神よ。トビヤやサヌバラテのあのしわざと、また、私を恐れさせようとした女預言者ノアデヤや、その他の預言者たちのしわざを忘れないでください。こうして、城壁は五十二日かかって、エルルのつきの二十五日に完成した。私たちの敵がみな、これを聞いたとき、私たちの回りの諸国民は恐れ、大いに面目を失った。この工事が私たちの神によってなされたことを知ったからである。（ネヘミヤ記六・10〜16（強調は著者））

うぬぼれによって、敵の攻撃に打ち勝つことはできません。事実、高ぶりは破滅に先立ちます。しかし神が自分に成してくださったことを信じる真の自信は、恐れと恐慌と苦しみの火矢から私たちを守ります。敵の攻撃目標は、私たちを恐れさせ、神の使命から外(はず)すことです。

宗教の霊と同盟関係を結べば、それが自分を守ってくれると期待して、「神の宮」に隠れる人が大勢います。宗教の霊は、人々に規則やお決まりのやり方や戒律を守らせます。それらに従えば、悪霊の策略という猛攻撃から身を守れると思わせるのです。しかしこれは、会社の警備をマフィアに依頼するようなものです。その人は、自分が同盟を組んだ相手は破壊者であり、次の犠牲者が自分であることにまもなく気づくことになります。もちろん自分を戒めるということは、それが聖霊の導きによって、聖霊との親しい関係から出たものであるなら良いものです。しかし宗教の霊による自戒は、神の力ではなく自分の肉の力に人を寄り頼ませます。そのような自戒は、敵には無力です。なぜならそれは元々悪霊から出たものなので、人を抑圧することになるのが落ちなのです。

次のことに注目してください。ネヘミヤが本来の自分の姿を再確認し、「神の宮」に象徴されるところの宗教的な形式主義に身を隠すのを止めたとき、自分に対する否定的な訴えが、神によるものではないことに初めて気づきました。恐れは私たちの確信を鈍らせ、識別力を狂わせるのです。頭の中を否定的な予測で一杯にしたり、使命によって起こり得る破壊的な結果のことばかりを考えるなら、私たちは恐れによって行く手を阻まれてしまいます。召しを遂行し、使命を成し遂げるために前進しないなら、私たちは神に対して罪を犯すのです。しかし悪霊の辱め(はずかし)をやり過ごし、神の使命に深く献身するなら、それは私たちを苦しめる者を苦しめることになり、敵は自信を喪失するでしょう。悪魔のわざを打ち破るために生きようではありませんか。そして悪魔とその愚連隊(ぐれんたい)を、神経衰弱にしてやるのです。

次章では、たましいの闇夜に起こる戦いについて学び、目には見えなくても力強い世界について、更に深い洞察を得て行きたいと思います。

第四章　荒野

モーセは、約束の地を偵察させるために、ヨシュアとカレブ、および一〇人の族長を遣わしました。彼らは、神が与えた領地の只中に、巨人たちがいるのを目にしました。ヨシュアとカレブは巨人と戦い約束の地を獲得することを選びましたが、あとの者たちは恐れのゆえに神の約束を蔑(さげす)むことを選んだのです。

神が与えた目的の只中に巨人を配置するのは悪魔の常套(じょうとう)手段ですが、主はそれをいつも承認するのです。荒野でのイエスの体験を思い出してください。イエスを荒野に導き、悪魔の誘惑に遭わせたのは聖霊でした。サタンとの戦いを選択したのは神でした。神は四〇日断食でイエスの肉体を弱め、それにより悪魔を闘いに誘い出しました。するとイエスは、悪魔を返り討ちにしたのです。マタイ三・16～四・11を読んで気づくことは、イエスが神の独り子としての自己像と召命を神から承認されるや否や、イエスは「聖霊によって」荒野に導かれ、あらゆる争いの母である悪魔と遭遇しました。聖書は、この悪魔との対峙に至るまでの三〇年間については沈黙を貫いています。このときの対峙が、イエスにとってあたかも初めての本格的な対峙であるかのようです（少年イエスが、エルサレムからの帰途、三日間行方不明になったことを除けばですが。）しかしイエスが洗礼を受けたとき、三〇年間の備えは完了しました。任務に就く時が来たのです。悪魔のわざを打ち砕き、「この世の神」を謀略の座から引きずり降ろすのです。

前章では、ネヘミヤの物語の中に同じ原理を見ました。エルサレムから報告が来る前は、ネヘミヤの人生は単調でした。王宮で生活していたネヘミヤに、多くの役得があったことは疑う余地がありません。けれどもそのような生活は、ネヘミヤが名を残す場ではありませんでした。彼を王の間近に置くための、準備の期間に過ぎませんでした。それゆえエルサレムから知らせが来たとき、ネヘミヤの内側で何かが目覚めました。彼が生まれてきたのは、王のために酒をすすりながら、王宮で暮らすことではありませんでした。ネヘミヤの使命は、イスラエル民族を解放し民族の栄光を取り戻すという、改革の火付け役になることだったのです。しかしネヘミヤが使命の中に突入して最初に味わったものは、その使命に対する敵の攻撃でした。それと同じようにキリストも、父なる神によるメシア承認の御声が響く前に、メシアとしての自己認識を揺るがそうとする悪魔の声と、対峙しなければならなかったのです。ネヘミヤとイエスの間には数百年の年代差がありますが、悪魔のやり口は変わっていませんでした。

私は、読者にひとつの原則を見出して欲しいと願っています。私たちの使命が開かれる前には、必ず落し穴が用意されているということです。神の約束とその成就の狭間には、必ず神のしもべに必要な人格形成のための取り扱いがあります。次の言葉は、ピッツバーグ・カバナント教会のビショップであるジョセフ・ガーリントンが述べたものです。「神はひとつの扉を閉ざして、もうひとつの扉を開くが、そこに至る通路には地獄が用意されている。」

ここで、偉大なる使徒パウロの言葉に注目しましょう。なぜなら、パウロにもこの「通路」の体験があるからです。「**神に感謝します。神はいつでも、私たちを導いてキリストによる勝利の行列に加え…**」（第二コリント二・14）。私たちはこのような聖句をよく引用しますが、ひとつ忘れていることがあります。それは、「勝利」があったということは、その前に戦いがあったということです。試みに遭うから、証が生まれます。不可能な状況に直面するから、奇跡を見るのです。神は私たちを勝利に導きますが、それはまず戦いや試みや不可能の中に導くことから始まるのです！　イエスを荒野に導いたのは聖霊でした。ネヘミヤに城壁の再建を委託したのは神でした。そしてあなたがこの本を読むように導いたのはイエスです。それはあなたが、この世界に変化をもたらすために生まれてきたからです。

もちろん、すべての戦いには、常に二つの課題が用意されています。クリスチャンが荒野で壮絶な戦いに導かれることはよくあることで、そこで私たちは極限まで試されます。そしてそれを主導しているのが、神なのか悪魔なのかと尋ねますが、その答えは「神と悪魔の両方」なのです。「たましいの闇夜」に置かれた私たちのために、神と悪魔のそれぞれが計画を用意しているのです。(意図している結末は正反対ですが。) 問題は、私たちがどちらの計画につくかです。私たちが荒野で悪魔と対峙し、神に信頼して勝利を収めるまでは、主が私たちを信頼し公の働きに就かせることは決してないのです。

誘惑と罪

誘惑と罪の違いを誤解し、荒野での戦いに負けたと思っている人が大勢います。実際は勝利しているにもかかわらずです。ヘブル人への手紙の著者は、キリストは「**罪は犯されませんでしたが、すべての点で、私たちと同じように、試みに会われた**」と述べています(ヘブル四・15)。何かによって誘惑されるということは、私たちがそれに対する欲求を持っているということです。例えば、一日中何も食べていない私が、お寿司の置いてある部屋にたった一人でいたとしても誘惑されません。私は寿司が嫌いだからです。しかしたとえ空腹でなくても、焼きたてで油ののった見事なロブスターが目の前に置かれたとしたら、私は誘惑されるのです! 人は欲求を持っていない限り、誘惑されることはありません。だからこそ悪魔は、「この石がパンになるように」という言葉をかけて、イエスを誘惑したのです。悪魔は、イエスが四〇日間食べていないことを知っていました。その言葉が誘惑になったということは、イエスは本当に空腹だったということです。

読者は、「それなら誘惑は、どの段階で罪になるのだろう?」と思っているのではないでしょうか。誘惑が罪になるのは、その誘惑に立ち向かわずに乗ってしまったときです。仮に、裸の美女が群集の前に逃げてきたとしましょう。普通の男性なら誰でも誘惑を受けます。なぜなら、神は男性に性的本能を与えたからです。しかしその誘惑に乗らない限りは、罪を犯したことにはなりません。もし群集の中の一人の男性が、「あの娘とマジでセックスがしたい」と思ったとしたら、その時点で彼は誘惑の一線を越え、罪の領域に踏み込んだのです。物理的には何もしていなくても、思いの中ではすでに罪を犯したのです。

私は最近、ある著名な指導者と話す機会がありました。彼が毎日罪を犯していると言うので、私は驚いてしまいました。私が彼に、どういう意味で「罪を犯す」と言っているのかを尋ねると、彼は日ごとに受ける誘惑について説明し始めました。

私が「そういう誘惑が沸いてきたときに、あなたは思いの中で乗ってしまっているのですか」と尋ねると、「とんでもない。乗りはしませんよ。そこまでは行っていません」と彼は答えました。

「では、罪を犯したことにはなっていないのではありませんか。ただ誘惑されただけで。誘惑自体は罪ではありませんよ」と私は説明しました。

この罪の定義を聞いて、その指導者はショックを受けた様子でした。しかしその瞬間彼は、「自分はいつも主を裏切っている」という、生涯持ち続けてきた罪悪感から解放されたのです。

弱いときにこそ強い

ここで大切なのは、悪魔が「都合の良い時」まで、イエスを離れたということです。サタンは御都合主義者なのです。サタンは戦略的な意図を持っており、私たちが空腹になるまで、あるいは弱くなったり疲れたりするまで、攻撃を待つことがよくあります。悪魔は精神的に破綻していますが、馬鹿ではありません。しかし最も知略に優れたお方は聖霊です。聖霊は、サタンをおびき出す最良の方法が、イエスを弱めることだと知っていました。そしてその計画は、見事に功を奏したのです。

荒野での断食は、キリストの核心的戦略でした。敵と対峙する直前に、自分自身を空腹で脆弱で無防備な状態に追い込むことは、余りにも無謀に思えます。しかし荒野における神の狙いを理解するなら、話は別です。その狙いとは、神にはあなたを解放する力がある、と知らしめることでした。イエスが断食したのは、まさにそのためです。イエスの狙いは、独力で悪魔を倒してしまおうとする誘惑をとことん排除することでした。四〇日後に残された選択肢は二つしかありませんでした。神の力か、悪魔の偽りの力かです。肉体が弱りに弱った状況で、イエスは悪魔の声に耳を傾けることを拒否し、自分自身を全面的に神に委ねました。ユダの手紙に次のように書かれています。神は「**あなたがたを、つまずかないように守ることができ、傷のない者として、大きな喜びをもって栄光の御前に立たせることのできる方**」であると（ユダ24節）。神に信頼することは人間側の責任ですが、人を解放し、守り、救うことは神の責任なのです。

昔からキリスト教会には、「高い霊性の持ち主には、高レベルの悪霊」という諺があります。この格言の基本的な意味は、神が信者の霊的な段階を引き上げるとき、必ずその人を、より激しい敵の攻撃に晒すということです。病や人間関係のもつれ、また諸々の問題が起こるのは、あなたが霊的に次の段階に進んだしるしです。しかし私たちが気づき損ねていることがあります。それは、神が誰かの霊性を引き上げるときは、その人を必ず守るということです。

考えてみてください。この国で最も警護が厚い人物といえば大統領ですが、彼は単に警護されているだけでなく、高位に立てられているではありませんか。まともな知性の持ち主で、大統領に相応しい警護を受けずに、その地位に就こうなどと考える人はひとりもいません。ましてや、天使の軍団を意のままにできる神が、より高い霊性を持たせようとしている人に対する守りを厚くしようと考えるのは当然のことです。もちろん神の国においては、その人の霊性にかかわらず、何らかのトラブルや個人的な弱さが容認されることは避けられません。パウロが次のように書いているのはそのためです。

しかし、主は、「わたしの恵みは、あなたに十分である。というのは、わたしの力は、弱さのうちに完全に現れるからである」と言われたのです。ですから、私は、キリストの力が私をおおうために、むしろ大いに喜んで私の弱さを誇りましょう。ですから、私は、キリストのために、弱さ、侮辱、苦痛、迫害、困難に甘んじています。なぜなら、私が弱いときにこそ、私は強いからです。

(第二コリント一二・9〜10)

神は、私たちが自分の能力に自信を持つことを望まないのです。ピリピ三・3は次のように述べています。「**神の御霊によって礼拝をし、キリスト・イエスを誇り、人間的なものに自信を持たない私たちのほうこそ、割礼の者なのです**」(英語聖句直訳)。神が私たちにしてくださったことに自信を持つ。それが私たちにとっての要(かなめ)です。自己義認をはじめ、キリストに根ざしていないあらゆる自信は、期待に反して一時的な解決しかもたらしません。

荒野での対決の目的が、私たちの信仰を試し、堅くすることであるのは確かです。使徒ヤコブは、試みを喜びなさいと教えています。それは、試みによって私たちの内側に、成熟と完全さが生み出されるからです。そしてそれは、キリストが神に寄り頼み尽くしたことによって表した資質と同じものです。

私の兄弟たち。さまざまな試練に会うときは、それをこの上もない喜びと思いなさい。信仰が試されると忍耐が生じるということを、あなたがたは知っているからです。その忍耐を完全に働かせなさい。そうすれば、あなたがたは、何一つ欠けたところのない、成長を遂げた、完全な者となります。（ヤコブ一・2〜4、強調は著者）

試みは、私たちの性格を試すものではありません。信仰です。信仰（信頼）は、もともと人間関係の用語です。「何を」信じるかではなく、「誰に」信頼するかを問題にしているのです。人類の信頼に関する戦いは、アダムとエバまで遡（さかのぼ）ります。戦いの只中では、状況はとても複雑に見えるものですが、事態が落ち着いてみると、真の戦いは常に同じ命題に関するものです――私たちは誰を信じるのか。誰の声に耳を傾けるのでしょうか。神ですか、それとも悪魔ですか。

アダムとエバが園で罪を犯したとき、二人は単に神に逆らっただけではありません。サタンに従ったのです。善悪知識の木に関して、主はこう言われました。「**あなたがたは、それを食べて**

はならない。それに触れてもいけない。あなたがたが死ぬといけないからだ。」しかし悪魔はこう言いました。「あなたがたは決して死にません。」（創世記三・3〜4）。二人は神ではなく悪魔に従うことを選び、食べてはいけない木から食べました。二人がその選択をしたとき、二人は主（あるじ）を替えたのです。試みは、私たちが誰を主（あるじ）とし、誰に信頼し、誰を自分の神にし、どちらの王国を信じるか、を選ばせるためにあるのです。

恐れか平安か

ほとんどの人は、自分が悪魔の言うことに信頼することなど絶対にない、と言うはずです。しかし神以外の誰か、あるいは神以外の何かに信頼することによって、表面的な安らぎを得ている、ということならあるのではないでしょうか。その場合、それは事実上、偶像崇拝です。あなたが何かに対して神以上の信頼を置くなら、それは偶像であり、あなたが神に従うかどうかを決める際に、何かに確認を取りに行くなら、それも偶像です。

私自身のことを言えば、死の恐怖に苦労した時期がありました。体に何らかの否定的な兆候があると、すぐに病院に行って検査してもらったり、どうしたら良くなるかを相談したりしていたのです。誤解のないように言いますが、体調が悪いのに病院に行くなと言っているのではありません。イエスご自信が病人には医者が必要だとおっしゃっています（マタイ九・12参照）。そうではなく、あらゆる検査をしてもらい、結果も出たあとで、神に信頼するか、医者に信頼するかを決めなければならないということです。

重要なのは、事実と真理を混同しないようにすることです。例えば、医師は患者に事実を提供する訓練を受けています。患者を診察し、医学の知識や経験に基づいて最善の治療方法を判断することが医師の仕事です。しかし真理とは、病状や状況に関して神が語っている事柄です。真理とは、事実を超えるものです。つまり、医師の言うことが、病状や治療方法に関する最終的な判断になってはならない、ということです。治療に関して私たちは、偉大なる医師である神に相談し、医学的な見解に従う前に、神の見解に従う必要があるのです。

病院に行くときや、手も足も出ない状況に陥ったとき、私たちは最悪を恐れることがよくあります。しかし、使徒ヨハネはこう言っています。「**愛には恐れがありません。全き愛は恐れを締め出します。なぜなら恐れには刑罰が伴っているからです。恐れる者の愛は、全きものとなっていないのです**」（第一ヨハネ四・18）。考えてみてください。もしあなたの父親が神で、命令ひとつで万物を創造したお方で、イエスを遣わして私たちの身代わりに死なせるほど私たちを愛しているとしたら、心配をするなんてまったく馬鹿げていませんか。

クリスチャンに生じるあらゆる不安、恐れ、苦しみのおおもとの原因は、私たちが自分の身分を忘れているからではないでしょうか。こう考えると、ネヘミヤの生涯や、イエスが荒野で受けた誘惑から学んだ事柄を想い起こさせられます。どちらの場合も、敵の邪(よこし)まな戦略は、私たちの身分を疑わせることでした。

もし読者が不安や苦しみ、恐れ、自己価値の低さ、落ち込み、その他の否定的な感情と闘っているのなら、あなたは、宇宙の創造主があなたを愛していることを忘れてしまっているのではないでしょうか。あなたがとても高価であることを疑わせる、敵の惑わしに乗らないでください。ビル・ジョンソン牧師が、「希望をもたらすことのないあらゆる思いは、偽りに起因している」と述べているとおりです。偽りを信じるのを止めようではありませんか！真理を受け入れ、平安のうちを歩みましょう。

第五章　肉は弱い

私たち人間は、複雑な構造を持っています。霊・魂・肉体から成る三層構造は、複雑で見事な生態を作り出しています。この生態が神の意図したとおりに機能するなら、まさしく動く詩歌と言えるでしょう。実際、パウロは次のように書いています。「**私たちは神の作品であって、良い行いをするためにキリスト・イエスにあって造られたのです**」(エペソ二・10)。「作品」に当たるギリシャ語は、poiema／ポイエマといい、英語のポエム(詩歌)はこのポイエマから派生しました。言い換えれば、私たちは神の詩歌なのです。神が命じられたとき、絶望のうちに死に行くこの世に対して、私たちは神の生けるメッセージとなったのです。パウロは次のように描写しています。

私たちの推薦状はあなたがたです。それは私たちの心にしるされていて、すべての人に知られ、

また読まれているのです。あなたがたが私たちの奉仕によるキリストの手紙であり、墨によってではなく、生ける神の御霊によって書かれ、石の板にではなく、人の心の板に書かれたものであることが明らかだからです。（第二コリント三・２〜３）

私たちに向けられた創造主の永遠の愛は、何と素晴らしいことでしょう。

しかし時として、この三層からなる生態の仕組みは誤作動を来たし、もはや主にある韻を踏まなくなってしまうことがあります。言ってみれば、調子外れで詩歌を詠み始めるわけです。前章では三層構造における霊の側面について、また悪霊が人の個性に及ぼす影響について学びました。本章では、私が数年前に苦い経験を通して学んだ、肉体的側面に関する事柄を分かち合いたいと思います。

肉体の闇夜

ある悲惨な体験のお陰で、クリスチャンであっても肉体面－聖書で言う「肉」－が、依然として弱いものだということを身をもって知ることができました。私たちの「肉」は、もはや邪悪ではありませんが弱いものです。目を覚まして祈るように言われても眠りこけてしまう弟子たちに向かって、「**誘惑に陥らないように、目をさまして、祈っていなさい。心は燃えていても、肉体は弱いのです**」と、イエスが言われたとおりです。（マタイ二六・41）。このことは、ジュディーといって、ビル・ジョンソン牧師の秘書をしている姉妹と話していたときに、これまでにない新しい方法で教えられたことです。ジュディーが私に電話してきて言うには、ジョンソン牧師の体調がとても悪く、医師から外部奉仕を二ヶ月間すべてキャンセルするよう命じられたとのことでした。

ジュディーは私に言いました。「病気の間、ビルはあなたにカンファランスの奉仕をして欲しいと言ってるわ。」

私はすでに自分の奉仕で予定が一杯でしたが、ジュディーとの話し合いの中で、自分の奉仕をキャンセルすることなく、カンファランスからカンファランスへと直行することによって、ビルが奉仕することになっているカンファランスの大半をカバーできるやり方を見つけました。二ヶ月近くの間、私は色々な所を飛び回りました。州から州へ、国から国へ、時間帯から時間帯へ…。私の体内時計はめちゃくちゃになり、どこへ行っても熟睡できなくなりました。

そんな調子でてんてこ舞いをしていたある日、私はオーストラリアのある都市で講演の準備をしていました。そのとき私の携帯が鳴りました。携帯のディスプレイによれば、電話の相手は私の家族です。私は奉仕の依頼主に講師紹介の時間を遅らせてもらい、ロビーに出て電話で話しました。

「どうかしたの」と私が尋ねると、

「私、パニック発作が起きて大変なの！　完全におかしくなっちゃったみたい。」と電話の相手は言いました。

　私は彼女を落ち着かせようとしましたが、そのときは恐れの原因を突き止める時間はありませんでした。説教が終わってから電話を掛け直し、夜中まで話し続けました。彼女は訳もわからずただ恐れていたので、私は何とか彼女をなだめようと努めました。それ以来、カンファランスで世界中を飛び回りながら、毎日何度も彼女と電話で話すことになりました。私は精神的にも肉体的にも疲れ切ってしまい、思い煩い（わずら）で取り乱し始めました。夜の間ベッドで横になりながら、「愛する家族が自殺を図ったらどうしよう」とか、「精神病院に入れられたらどうしよう」と心配し続けました。

「どうしてこんなことになったんだろう。もし彼女が死んでしまったらどうしよう…。」

　頭の中はぐるぐる回っていました。神経が滅入っていましたが、助けを必要としている家族から電話が来るのですから、出ないわけにはいきません。過密スケジュールをこなしながら、彼女と話す時間も取らなければなりませんでした。ビルはまだ回復途上でしたし、まるで世界中の重荷が私の双肩（そうけん）にのしかかっているかのようでした。

この悪夢が始まってから約三ヶ月後のことです。牧師をしている息子が、青ざめた顔つきで私の執務室にやって来ました。私が「どうしたんだ」と尋ねると、息子は「お父さん、ぼくたち離婚するかもしれないんだ！」と、両手で顔を覆いながら答えました。

「そんな！神さまが何とかしてくれるだろ」と私は食い下がりました。

しかし結婚して一〇年、三人の子どもがいましたが、息子の結婚生活は終わりを告げました。その後、ジェイソンは混乱してしまい、回復するまでに二年近くかかりました。離婚を経験したものの、今、ジェイソンと子どもたちはとても上手くいっています。（その後の詳細については、私とジェイソンの共著「驚異的な赦しの力」[注1]に書かれています。）

しかしジェイソンの問題は、私がそのとき対応していたすべての問題と同時進行する形になりました。私は心身ともに疲れ切っていましたが、それでも眠れませんでした。最悪のシナリオを頭に描き、横になったまま一晩中起きていました。「子どもたちはこの離婚に耐えられるのだろうか。」「息子が精神的に参ってしまったらどうしよう。」「教会員たちに何と言えばいいのだろう。」「聖書学校の指導者をしている人間が離婚だなんて。」そんな思いが私を悩ませました。

数日が数週間になり、私の不安は募りました。そのうちパニック発作が日に何度も起こるようになり、不安は増大する一方でした。私は、ほとんどまったく何もできない状態でした。魂に起こっている戦いで頭が一杯になり、ほとんど何も考えられません。些細なことでもいちいち気にかかります。不安が私を支配するほどになり、家から出ることもままならなくなりました。

しかし最悪の事態は、まだ来ていませんでした。ある日私は、誰かが私を、深くて真っ暗な穴の中に落としたような感覚に襲われ、それによって目が覚めました。人生に絶望し始め、生きる気力を失いました。食欲も性欲も失せ、いつもなら喜んでやっていることでも、やる気になりません。その後の三ヶ月間で、約一六キロ痩せました。私は余りにも落ち込み、ベッドから出ることができませんでした。二人のプロのカウンセラーを含め、何人ものカウンセラーのところでカウンセリングを受けましたが、余り効果はありませんでした。

私はやけになり、鬱から抜け出すためならどんなことでもやるつもりでした。私はついにホームドクターのアドバイスを受け入れ、抗うつ薬物を試してみることにしました。(私は彼女をホームドクターと呼んでいますが、厳密には特定看護師です。) 彼女が最初に処方した四種類の薬は、私がアレルギー反応を起こしたため、改善が見られるようになるまで二ヶ月かかりました。ドクターは睡眠導入剤も処方してくれました。

症状が楽になり始めるまでには、何ヶ月もかかりました。精神科の治療を受けていることが人に知れたら、どう思われるかわからないと思い、私は恐れました。また、神の癒しが起きないことについても混乱しました。「これは鬱の霊によるものなのか、隠れた罪のせいなのか。」「それとも精神病なのか。だとしたら治るのだろうか。」「一生、薬を飲み続けるのだろうか。」そんな思いが頭の中で交錯していました。

　薬による不快な副作用もありました。ほてりや冷や汗、感情の麻痺などです。しかし深い欝や不安には、かなりの改善が見られ、ほぼ普通に生活できるようになりました。抗鬱薬を飲み始めてから約四ヶ月後、自分の症状や体調に関して、友人に相談してみました。彼が言うには、昔、彼も同じような症状で苦しんだことがあり、いくつかの検査を経て医師が出した診断は、ホルモンバランスの乱れでしました。私はホームドクターのところに行き、テストステロン値の検査をして欲しいと頼みました。彼女はそれが原因だとは考えませんでしたが、血液検査をすることには同意してくれました。二日後、検査結果が出ました。何と私の体には、テストステロンがほとんどなかったのです。彼女はすぐにテストステロンを処方してくれました。六日たたないうちに、抗鬱薬と睡眠導入剤を止めることができました。地獄の一〇ヵ月を経て、私はついに正常に戻ったのです。

地獄で学んだこと

　一〇ヵ月間の地獄を旅している間に、不安や欝に関する本を手当たり次第読みました。精神医療に関しては様々な見解がありますが、ほとんどの科学者がいくつかの点で一致していることに気づきました。また人間の脳内では、文字通り何百もの化学反応が絶えず起きていることも学びました。その化学反応によって、人は感じたり、考えたり、行動したりしているのです。セロトニンと呼ばれる化合物が神経伝達物質として機能しており、精神と情緒面における主な健康促進媒体であるという点において、ほとんどの科学者の意見が一致しています。プロザックのような抗鬱薬は、人体の中でセロトニンの生成を人工的に促進し、セロトニンが欠乏しているときに脳内の化学的均衡を安定させます。(ドーパミンやノルエピネフリンなども、情緒に作用する重要な神経伝達物質であることを書き添えておきます。投薬治療は、これらの神経伝達物質のバランスを崩している人を助けるのに有効な手段です。)

たいていの科学者は、四つの要素が体内におけるセロトニンの自然生成に影響していると考えています。睡眠、日光、ストレス、運動です。面白いことに、二〇世紀においては、これらの要素は悪影響を及ぼすものと考えられていました。例えば、近年の研究では、電球が発明されたことにより、人の平均睡眠時間はそれ以前よりも短くなったことが明らかになっています。テレビやインターネット、娯楽全般も、人を興奮させて睡眠時間を減らしている原因になっていると思います。

第二の要素は、太陽のもとで過ごす時間の長さです。人間は農耕生活の時代から情報時代に変遷したため、屋内で生活したり、仕事をするようになった人が増えました。わかり易く言うと、先進国の人は昔と比べて、屋外で余り長い時間を過ごさなくなったということです。

　セロトニン生成に関する第三の要素は、ストレスです。平均的な現代人は、五〇年前に生きていた人が一年間で聞くのと同じ量の悪いニュースを、たった一週間で聞いているそうです。それに加えて、今の世の中では他の人と情報をやり取りする方法が山ほどあるため、休息を取ることが不可能に近い。携帯電話（通話）、ボイスメール、電子メール、（携帯やタブレットでの）メール通信、ポケベル、スカイプ、アイチャット、ＳＮＳと、限りがありません。情報化社会になったために、人との交信を遮断することはまず無理です。

　四番目は時間です。私たちの日常生活は、分刻みで予定されています。一日は一四四〇分ですが、私たち奉仕者は、その一分一分の予定が何ヶ月も先まで組まれているのがザラです。更に悪いことに、集会に出席している間にもメールが届いたり、電話がかかってきたり、ポケベルで呼び出されたりするのが普通で、そこでの奉仕に一〇〇％専念することはまず不可能です。その上、奉仕者というのは、力仕事をほとんどせず、一日中、頭をフル回転させています。私たちが、常にかなりの緊張状態にあるのも不思議ではありません。

　しかし、私たちの精神状態に最もマイナスの影響を及ぼしている要因は、輸送産業の文化的変動ではないでしょうか。車や飛行機、列車の発明によって、人は余り歩かなくなりました。百年前の人に比べると、私たちの運動量は激減しています。考えてもみてください。農耕時代に、スポーツジムで汗を流した人が何人いたか。当時の日常における重労働を考えたら、そんなものは不要です！

これらの四つの要素－睡眠、日光、ストレス、運動－が脳内でのセロトニン生成の主な促進要因であるなら、抗鬱薬を飲んで正常になる人が今の時代に大勢いても不思議ではありません。

ホルモンのアンバランスを複雑にしている原因は、セロトニンが計測できないことです。血液検査でも、その他の方法でも、脳内のセロトニンの量を計測できません。セロトニンの再生についてはまだまだ未解明で、研究の課題となっています。例えば、セロトニンと睡眠の関連性についても意見の相違があります。睡眠不足がセロトニンの生成を減らすのか、それとも体内のセロトニンが少ないから睡眠不足になるのかという問題です。

脳化学の触媒（しょくばい）の性質に関する、専門家の見解は一様ではありません。それに加えて、この分野の研究は日進月歩で進んでいます。本書が書店に並ぶ頃には、この章のデータは塗り替えられているかもしれません。それでも人体化学が、人間の霊・魂・肉体の健康において、極めて重要な要素であることに変わりはありません。

三極思考

地獄の期間を体験したお陰で、霊・魂・体の三者間には密接な相互依存関係があり、直接的にも間接的にも、一つの領域が必ず他の二つに影響を与えていることがわかりました。例えば紫色ですが、それが原色でないということは誰でも知っています。青と赤を混ぜると紫になるわけです。しかしひとたび赤と青が混ざってしまうと、二度と二つの色に戻すことはできません。人間の三つの領域も同じことです。私たちは、霊、魂、体をあたかも別々の領域であるかのように考えますが、実際はそのように機能しません。この三層からなる組織が、複雑な相互関係の中で機能しているからです。問題の根源が三つのうちのどれかに存在しているとしても、その問題から生じる症状は、三つの全領域に現れることが体験的にわかります。

拙著「超自然的ライフスタイルの開発」[注2]の中には、全人格的な癒しこそ神の願いであるということが述べられています。美しの門で物乞いしていた足萎(あしな)えの男性の癒しをケース・スタディーとして考えてみましょう。

するると、ペテロは、「金銀は私にはない。しかし、私にあるものを上げよう。ナザレのイエス・キリストの名によって、歩きなさい。」と言って、彼の右手を取って立たせた。するとたちまち、彼の足とくるぶしが強くなり、おどり上がってまっすぐに立ち、歩きだした。そして歩いたり、はねたりしながら、神を賛美しつつ、ふたりといっしょに宮に入って行った。

（使徒三・6〜8（強調は著者））

この男性が歩いたのは、肉体的に癒されたからです。彼がはねたのは、感情的に癒されたからです。そして神を賛美したのは、霊的に回復したからです！三層のうちのどこかが病気になると、その人全体に影響するわけです。これを理解すれば、主が全人格を回復するためにわざを行うことに納得がいきます。単に肉体を癒すだけでは、一時的で部分的な解決にしかなりません。

私たち自身や、私たちが仕える人々に全人格的な癒しをもたらすには、私たちが三層構造の相互関係や、それがもたらす人間生活への影響、また全人格的健やかさに対する影響を理解しなければなりません。私が苦しみの中にいたときは、症状が多岐に渡っていたため、自分の問題がどこにあるのかを突き止めることができませんでした。たましいは深い嘆きの中にあり、体は疲れ切り、霊は絶え間ない攻撃を受けていました。実際のところ、私が受けていたストレスの半分は、苦しみの原因がどの領域にあったのかがわからず、混乱していたことによるものでした。

霊を視点とした考察

私はこれまでに、脳が情報を受け取っている領域が三箇所あることに気づきました。人の思索に影響を及ぼす第一番目の情報源は、自分の霊です。パウロは「**またあなたがたは思いの霊において新しくされなさい**」と言っています（エペソ四・23、英語聖句直訳）。言い換えると、人は思いの霊を通して考えることができる、ということです。もし誰かに悪霊が働いている場合、悪霊がその人の思いに影響を与えることは周知の事実です。その人が悪霊に憑かれていても、攻撃を受けているだけだとしても、敵の戦闘員は人の思いに影響を与えます。（この件については先述しました。）

人の霊は、暗闇の世界と常にかかわっています。というのは、告発者が日夜、兄弟たちを精神的に責め立てているとイエスが言っているからです（黙示録一二・10参照）。神は人を、霊的に活動する生き物として造られたので、意識していなくても私たちの周囲では、霊的に否定的な事柄が起きています。ですから積極的に暗闇の勢力に対抗できるように、意識していく必要があるのです。

人の霊が助けを必要としているときに、霊と思いの間で意志の疎通をする手段の一つが夢です。あなたは、自分が何かに追い駆けられている夢を見たことがありますか。追い駆けられているのに、スローモーションのようにしか逃げることができない夢です。そういう夢を見るときは、私たちの霊が敵に打ち勝つための助けを必要としているのです。そんなときは、霊の戦いに集中したり、祈りを強めるために、断食が必要かもしれません。私たちの霊が、悪霊の攻撃をかわすためです。

体を視点とした考察

特定の化学物質や食品、睡眠の習慣などが、脳に影響を及ぼすことは、誰もが知るところです。睡眠不足だったり、薬を飲んでいたりすると、思考に影響が出ます。脳は身体全体を指揮するために常に忙しく働いており、それによって私たちの生命が保たれています。脳は、意識が及ばない領域で、多くの仕事を成し遂げているのです。

私たちはまず考えもしませんが、脳が身体全体を司(つかさど)っているというのは、驚くべきことです。脳は、意のままに駆使できる軍隊を持っています。それは、いつ、如何なる生理的な戦いが起きようとも、何百万もの兵隊が展開して、肉体への攻撃に応戦できるようにしています。脳は、私たちが意識していない事柄も認識しています。しかし私たちが意識すべき生理的戦いが起きた際には、痛みという形で信号を発します。それによって、私たちが病に対処するためです。例えば脚(あし)を骨折した場合、脳は私たちに知らせずには治せないことを知っているので、しばらくの間、折れたほうの脚で歩かないようにさせ、その間に治癒させます。それゆえ脳は、痛みという信号を送り、「相棒。治している間は、そっちの脚を使わないでくれ！」と伝えるのです。

魂を視点とした考察

三層構造の第三の部位は魂です。私たちは思いの尺度を「心から出てくるもの」と呼ぶことがよくあります。私は、心（魂）とは、他の二つの領域がまったく認識していない事柄を知っている領域だと考えています。心とは、物事を手探りで感じ取る領域であり、感情に応答する部分です。

目に見えず非論理的であるけれども、人にとって極めて重要で欠かせない事柄は、魂から生み出されます。魂は、愛や情熱、哀れみの心が宿るところです。例えば、誰かがあなたの感情を害したり、あなたの身近な人が死んだりした場合、それはあなたの思考に影響を与えます。魂は、精神的苦痛や落胆に対処する領域なのです。けれども衝撃が強すぎて癒しを必要とする場合、魂は、落ち込みや怒り、悲しみなど、感情的な痛みという形で信号を発することがよくあります。ダビデは詩篇の中で、「**主は私のたましいを生き返らせ**」と告白しています（二三・3）

三層の相互的働き

体、魂、霊は相互依存的に機能しています。なぜならそれらは、人の中に個別に存在しているのではなく、共存しているからです。第一サムエル記で、不妊だったハンナは酷く心を乱していました。そこでハンナは、祈るために宮に行きます。祭司エリは、祈っているハンナを見て、彼女が酒によっていると思いましたが、ハンナはこう答えました。「**いいえ、祭司さま。私は　に悩みのある女でございます。ぶどう酒も、お酒も飲んではおりません。私は主の前に、私のたましいを注ぎ出していたのです**（第一サムエル記一・15、著者強調箇所は英語聖句直訳）。ハンナは霊において痛んでいたのですが、注ぎ出していたのはたましいでした。これは、たましいと霊が相互依存関係にあることの見事な実例です。ハンナの根本的な問題は、彼女が霊において悩んでいたことでしたが、その影響はたましいにも及んでいたのです。

自分自信の苦しみの経験を振り返ってみると、鬱が私の感情や霊に影響を与えたのは確かですが、本当の原因は、私の心と体の物理的な面にあったことがわかります。私がまったく動けなくなり燃え尽きる数ヶ月前に、私の心はいくつかの信号を発して警告していたにもかかわらす、私はそれを軽視したのです。私は疲れ切っていましたが、仕方がないんだと自分に言い聞かせて無理をし続けてしまいました。何日間にもわたり、礼拝の最中、自分の奉仕の直前まで、私は床に横になり眠っていたのです。私は祈りを求めて私のところに来る人々に憤りを持ってしまうほど、奉仕に疲れていました。もうこれ以上捧げられるものはないとひたすら思い続けていました。その期間は、何かを決断しようとすると不安が沸いてきました。それでも私は警告のサインを無視し、ついに肉体的にも、精神的にも、霊的にも、まったく無力になってしまいました。

ストレスや不安、霊的戦いについては以前から知っていましたが、今回は脱力感が非常に強く、どんなに努力してもベッドから抜け出る気力が出ませんでした。以前に経験した悪霊の攻撃とは異なり、今回の苦痛は体に起因していました。何ひとつできない状態の中に三ヶ月近く置かれたのです。世界中の人たちが私のために祈ってくれましたし、励ましてくれましたが、ホルモンバランスが安定するまでは仕事をすることができませんでした。

抗鬱薬(こううつやく)に信頼したことは一度もありません。実際、説教の中で、抗鬱薬を使用する人たちを軽んじてきました。今でも抗鬱薬が、長期的な治療になるとは思っていません。抗鬱薬は、深いところにある真の問題に覆いを掛けてしまう危険性があります。しかし抗鬱薬には、患者が働けるようになるという効能があります。神経伝達物質の慢性的欠乏に苦しむ人にとっては、抗鬱薬はとても大きな助けになっています。多くの医療専門家は、脳の損傷、あるいは遺伝的素因によって、脳内化合物を正常に分泌する機能がない人がいると考えています。

それを考慮するなら、糖尿病を持つ教会員に向かって、神との交わりの時間を増やしたり、祈りの時間を増やせば、インスリンの摂取を止めることができるなどとは決して言わないはずです(もちろん、神が癒してくれるなら話は別ですが。)ところが私たちは、体内の化学物質のアンバランスによって体調を崩している人たちに対して、同じ助言をしてしまっているのです。脳はすい臓と同じように、臓器の一つですが、気分障害の原因があたかも脳ではなく、体や感情にあるかのように見なしてしまっています。

こういった問題を持つ人たちに対して、私たちはもっと寛容になるべきです。欝や不安障害を経験したことのない人には、それがどんなに辛いものかはわかりませんし、化学物質のアンバランス症も、必ずしも悪霊が原因ではないのです。ですから場合によっては、必要ならば投薬治療を受けるようアドバイスをする必要があります。ところがキリスト教界には、それに大反対する傾向があります。そのため、そういった障害を持つ人々は、往々にして引け目を感じながら投薬治療を受ける羽目になっています。その結果、来院して治療を受けるのが必要以上に遅れてしまうわけです。私にそれがわかるのは、私自身がその一人だからです。

私の場合も、心配してくれた人たちから、薬は止めておいたほうが良いという善意の励ましをいただきましたが、数ヶ月間の地獄を味わい、数百時間の調査をした結果、自分に必要なのは医学的な処置であるという判断に至りました。本章の目的は、人間の三層構造と各部位の相互依存関係をより深く読者に理解していただくことです。それによって、万が一読者が私と同じような状況に置かれた場合に、本当に必要な助けを求めることができ、全快できるようにです。

行動あるのみ！

「行動あるのみ！」それが、重篤な鬱や不安障害、慢性的な倦怠感と闘っている人々への私からのアドバイスです。確かに、行動するなんて不可能に思えるかもしれません。私もそう思いました。先述したとおり、私も三ヶ月間、ベッドから出られなかったのです。しかしあなたにもできる有益なことが、いくつかあります。

　第一に、信頼されている医療の専門家を訪ね、ホルモンバランスの検査が含まれている血液検査など、総合的な健康診断を受けてください。もし脳内化学物質を司る脳神経系に異常がある場合は、医学的な治療がどうしても必要です。

　また、次の二冊の本をお奨めします。一冊目はルシンダ・バセット著「わたしもパニック障害だった」[注3]。二冊目はキャロライン・リーフ著「Who Switched Off My Brain? Controlling Toxic Thoughts and Emotions」[注4]です。私はこの二冊を、色々な人に五〇冊以上はあげました。闇の中にいた私とって、この二冊は本当に役立ちました。どちらも脳内化学物質に関して、また不安の克服方法に関して、豊富な情報を掲載しています。

　もうひとつ重要なことは、自分の体を今まで以上に労わることです。睡眠を取るために、やるべきことをやってください。気が進まなくても運動するよう心掛けてください。食欲がなくても、健康的な食品を食べましょう。砂糖やカフェインとは無縁の生活をしてください。できるだけ日光を浴びるようにしてください。そして体を小まめに動かす生活を心掛けましょう。

楽しいひと時を持つ努力を怠(おこた)ってはいけません。映画を観たり、たくさんの笑いをもたらしてくれることをやりましょう。笑いは天然の医薬品です。苦しいときにあなたの支えとなってくれる親しい友人を何人か見つけてください。彼らがあなたに関して語る、肯定的な言葉を信じてください。仮にその言葉に現実味が感じられなくてもです。

そして一番大切なのは、あなたの癒しと回復を求めて神に祈ることです。自分が何者で、誰のものであるかを忘れてはいけません！

最後に、私からの励ましの言葉を受け取ってください。今の状況は必ず過ぎ去ります。そのことを知ってください。過去数年間に、私は何百人もの、あらゆる業種の人々と出逢いました。中には世界的な著名人もいますが、その人たちも人生のどこかで、同じような苦しみを経験しているのです。私にはわかります。苦しみの只中にいる人は、「こんな状態が一生続くのだろうか」と恐れるものです。しかし答えは「ノー」です！今の状態は、必ず過ぎ去ります。あなたは必ず元気になるのです。

注1…クリス・バロトン、ジェイソン・バロトン共著「The Supernatural Power of Forgiveness: Discover How to Escape Your Prison of Pain and Unlock a Life of Freedom」(Ventura, Calif.: Regal, 2011).

注2…クリス・バロトン著「Developing a Supernatural Lifestyle: A Practical Guide to a Life of Signs, Wonders, and Miracles」(Shippensburg, Penn.: Destiny Image, 2007).

注3…Lucinda Bassett著「From Panic to Power: Proven Techniques to Calm Your Anxieties, Conquer Your Fears, and Put You in Control of Your Life」(New York: Harper, 1996).

注4…Caroline Leaf, Ph.D.著「Who Switched Off My Brain? Controlling Toxic Thoughts and Emotions」(Nashville: Thomas Nelson, 2009).

第六章　自分に優しくする

悪霊の策略の一つに、自分を酷使（こくし）することは霊的だと信じ込ませる働きあります。そのように信じ込んでいる信者の多くは、自分が負け犬で、取るに足らない者で、罪人だと信じることは神のみこころだと信じています。こういう人たちは、パウロがエペソ五・29でこう述べていることに気づいていないのです。「**だれも自分の身を憎んだ者はいません。かえって、これを養い育てます。それはキリストが教会をそうされたのと同じです。**」そういうわけで、そろそろ私たちは、自分をやさしく労わる方法を学んでもいい頃です。なぜならイエスの願いは、私たちが霊・魂・体を楽しく生きることだからです。

もし私たちが義と平安と喜びの生活をしていないなら、私たちはイエスが払ってくださった代価を無駄にしているのです。そのことを、イエスは次のように言いました。「**盗人が来るのは、**

ただ盗んだり、殺したり、滅ぼしたりするだけのためです。わたしが来たのは、羊がいのちを得、またそれを豊かに持つためです」（ヨハネ十・10）。盗人とイエスを混同しないでください。私たちの敵は、神の国がもたらす利得を奪おうとしているのです。このことについては、私とビル・ジョンソン牧師の共著「王家の者として生きる」[注1]に詳しく書かれています。

悪魔は、クリスチャンが過ちを犯すと、あら捜しをして私たちを責めたてます。主は、私たちが罪を犯すと、悔い改めを促します。両者の違いは微妙かもしれませんが、質的にはまったく違います。罪責感は、「お前は嘘をついたのだ。だからお前は嘘つきだ。」「お前は酒に酔った。だからお前はアルコール中毒者だ」と責めます。罪責感は、私たちの悪い行いは、私たちが悪い人間であることの結実なのだと説得します。

一方、悔い改めの促しは、「あなたは高貴なのだから、こんなことをしてはいけません」と諭します。私たちはもはや罪人ではなく神の子なのだから、本来の姿を思い起こして、主にある身分にふさわしい行動をとるようにと、呼び掛けるのです。

悪魔の声に耳を傾けるなら、クリスチャンは悪者だから処罰を受けてしかるべきだと思い込むことになります。自分は邪悪だと信じながら、本当の喜びを実感するのは無理な話です。十字架での身代わりの死によって、イエスは私たちの性質を新しくしてくださり、私たちは王家の一員になったのです。また三章で述べたとおり、イエスは私たちの弁護人となってくださいました。

ですから弁護人のいないところでは、絶対に悪魔と話してはいけません。また、悪魔はあなたに触れることはできません。ただ話し掛けるだけです。ですからあなたは、自虐的になってはいけません。あなたが自虐的(じぎゃくてき)に振舞うなら、悪魔ができもしないことを、あなた自身が自ら行うことになるのです。

自分自信に語る

私たちは罪人ではなく、聖徒です。自分がどのような身分なのか正しくわきまえる必要があります。私たちの新しい性質を養う方法の一つとして、神が見なしているとおりに自分に語り掛けるというのがあります。老若男女を問わず、また内向的か外交的かも気にせず、自分自信と会話するのです。普通に誰かと会話するよりももっとたくさん、自分で自分に話し掛けるのです。

私は、自己変革や組織変革の分野で指導的な立場にあり、クリスチャンでもあるランス・ウォルノー博士の講演を聞いたことがあります。博士は、平均的な人は一分間の独り言で一二〇〇単語を聞き取っている、と大規模な大学調査を引用して述べていました。その調査によれば、その一二〇〇単語のうちの一一〇〇単語は、大部分の人に否定的に響く言葉だったとのことです。

それに加え、人間は他人よりも自分の言うことを信頼する傾向がありますから、自分を罰したり、自己卑下(ひげ)するような否定的な内容を聞き続けていたら、一体どうなるか考えてみてください。自信を喪失し、自己価値を抹殺し、落ち込みと絶望と恐れのどん底に落ちて行くことになります。

一方、御言葉を読み、神の思いを知るようになり、それを新生した自分に言い聞かせるなら、内側の深いところで御霊の実を体験するようになります。平安と喜びが心と思いを満たし、神のいのちが死ぬべき体の中に解き放たれるのです。

この原則は、旧約聖書の中で最も偉大な人物の一人である、ヨシュアの生涯に秘められています。非常に厳しい状況に置かれたとき、ヨシュアは生涯で最も大切な教訓を学びました。これからその状況を説明しますので、ヨシュアの心境を想像してみてください。

ヨシュアの指導者であり、英雄でもあるモーセが死んだと、たった今神から告げられたところです。そのヨシュアに更なる追い討ちを掛けたのは、モーセが果たし損(そこ)ねた使命を遂行(すいこう)せよと主から命じられたことでした。ヨシュアは孤独や恐れ、落胆、心細さを感じたことでしょう。その上、神は次のように命じました。

強くあれ。雄々しくあれ。わたしが彼らに与えるとその先祖たちに誓った地を、あなたは、この民に継がせなければならないからだ。ただ強く、雄々しくあって、わたしのしもべモーセがあ

なたに命じたすべての律法を守り行え。これを離れて右にも左にもそれてはならない。それは、あなたが行く所ではどこででも、あなたが栄えるためである。この律法の書を、あなたの口から離さず、昼も夜もそれを口ずさまなければならない。そのうちにしるされているすべてのことを守り行うためである。そうすれば、あなたのすることで繁栄し、また栄えることができるからである。わたしはあなたに命じたではないか。強くあれ。雄々しくあれ。恐れてはならない。おののいてはならない。あなたの神、主が、あなたの行く所どこにでも、あなたとともにあるからである。(ヨシュア記一・6~9)

神がヨシュアに、感情をコントロールして勝利を手にする秘訣を伝授していることに着目してください。成功の秘訣は三つあることがわかります。第一に神の律法はヨシュアの口にあるということです。次に昼夜、御言葉を暗唱することです。最後は、自分が口にしたことと、暗唱したことをすべて守り行うことです。興味深いのは、「口ずさむ」という言葉です。この言葉の文字通りの意味は、発する、回想する、熟考する、宣言する、自分に向かって歌うです。言い換えるなら、神はヨシュアに、律法についてただ考えるだけではなく、それを語り、宣言し、思い巡らし、自分一人で歌えと命じたのです。

私たちの場合も、ヨシュアのように困難の中にあるときは、単に御言葉を暗記して、鬱やパニック、恐れを遠ざけるだけではないはずです。自分に対する神の思いや、神が自分に語ったことを声に出して語るなら、何か凄いことが起こります。この世の人たちでさえ、この原則に気づいています。大抵の自己啓発本の中には、自分に対して親身に語り掛けることに関する項目があります。心理学者はこの原則を、肯定的なセルフトークと呼んでいます。自分を肯定したり励ます内容のセルフトークには、自信や自己評価を高める効果があることに、学者たちは気づいているのです。けれども単に良かれと思う事柄を宣言するだけでなく、自分について神が語っていることを繰り返したなら、どれほど大きな効果があることでしょうか！

預言――神の秘密兵器

テモテは、驚くほどの信仰の巨人でした。彼はパウロの右腕であるとともに、エペソ教会の指導者でもありました。エペソ教会は、新約聖書に登場する教会の中で最大だった可能性があるのです。しかしテモテは、恐れの問題で苦しんでいました。それゆえパウロは、テモテをコリント教会に派遣する際、事前に手紙を書き、テモテを恐れさせるようなことはしないようにと依頼したのです。コリント教会に向けたパウロの勧めにこうあります。「**テモテがそちらへ行ったら、あなたがたのところで心配なく過ごせるよう心を配ってください。彼も、私と同じように、主の**

みわざに励んでいるからです」。(第一コリント一六・10)

使徒が、テモテほど有名な人物に関して、ストレスを与えないようにと事前に手紙を書かなければならなかったとは意外なことです。しかしそれが実情でした。パウロはその後テモテ宛てに個人的な手紙を書き、大いなる信仰の遺産について思い起こさせ、彼が抱えていた恐れの問題は悪霊によるものだと諭しました。

私はあなたの純粋な信仰を思い起こしています。そのような信仰は、最初あなたの祖母ロイスと、あなたの母ユニケのうちに宿ったものですが、それがあなたのうちにも宿っていることを、私は確信しています。それですから、私はあなたに注意したいのです。私の按手をもってあなたのうちに与えられた神の賜物を、再び燃え立たせてください。神が私たちに与えてくださったものは、おくびょうの霊（英語聖書では「恐れの霊」）ではなく、力と愛と慎みとの霊です。(第二テモテ一・5〜7)

パウロは次のようにも言いました。「これからは水ばかり飲まないで、胃のために、また、たびたび起こる病気のためにも、少量のぶどう酒を用いなさい」(第一テモテ五・23)。これは私の推測ですが、テモテの胃腸病の原因がストレスだったと考えれば意味が通ります。パウロが、ぶどう酒にテモテの神経を鎮める効果を期待した可能性は高いのではないでしょうか。

テモテが恐れに苦しんでいたことは私にとって慰めになりますが、だからといって大きな使命を担うのに十分な資格が、テモテになかったことにはなりません。何らかの理由で、これほどの苦しみを通っているのがあたかも自分だけであるかのような気持ちになることは、よくあることです。しかし実際は、「**あなたがたの会った試練はみな人の知らないものではありません**」とあるとおりです（第一コリント一〇・13）。私たちには、人が未だ体験したことのない問題を通されることはないのです。ですからどんなに深い恐れであろうと、どんなに酷いパニックであろうと、どんなに真っ暗な鬱であろうと、どんなに辛い落ち込みであろうと、数え切れないほど多くの人がすでに経験しているのです。私たちは独りではないのです。

敵は私たちを孤独にし、教会から引き離すために偽りを語ります。預言こそ、その偽りを打ち砕く神の最強の武器です。預言とは、私たちの将来を予告することであると同時に、事前に宣告することでもあります。予告とは、事が起こる前に歴史を啓示することですが、事前の宣告は、将来を発生させるものです。テモテに向けられた、パウロの力強い勧めの言葉を見てください。「**私の子テモテよ。*以前あなたについてなされた預言に従って、*私はあなたにこの命令をゆだねます。それは、*あなたがあの預言によって、*信仰と正しい良心を保ち、*勇敢に戦い抜くためです***」（第一テモテ一・18、強調は著者）。

将来について予告する預言

私たちは、預言的な宣言によって、戦いをしかけることができます。一章で述べたように、私には神経を患っていた期間がありましたが、その終わりの頃に、予告する預言の力強さを学ぶ機会がありました。私は何人かの兄弟たちから、山間部で男性向けのリトリート集会が行われるので、それに参加するよう説得されました。ディック・ジョイスという預言者が説教していました。彼は説教を中断すると、まるで誰かを探しているかのように会衆を見渡しました。そして突然、私を指差し、前に出てくるように言ったのです。七〇人の兄弟たちが見つめる中、私は恐る恐る会場の前方に進み出ました。預言者が私の心の中にある恐怖を、全員の前で暴露するのではないかと、私はびくびくしていました。ところが彼は、私の将来について預言し始めたのです。「神は、あなたを神の家の柱として召されました。あなたは教師となり、神の民の牧者となるでしょう。あなたは世界中を旅してキリストの教会を強め、励ますようになります。あなたはキリストの教会の家長となり、あなたの妻は女家長となるでしょう。」

予告する預言は、私の高尚な召しについて、大いなる使命について、また信じ難いほどの勇気について語り続けました。私は預言の言葉を書き写し、何年間もポケットに入れて持ち歩きました。不安になったり恐れや落胆が来ると、いつもその預言の言葉を繰り返し声に出して読み上げました。それはいつしか、敵の奇襲を迎え撃つための、私のお気に入りの武器になったのです。テモテと同じように、私も偉大な働きに召されるだけでなく、恐れによって苦しめられる定(さだめ)にありました。恐れは、神が授けた使命を阻止するために遣わされた、悪霊であることに気づきました。預言の言葉を黙想することによって、私たちは将来に対する神の願いや、使命を遂行するための神からの賜物について思い起こすことができるのです。

宣告する預言

宣告する預言は、単に将来を予告するだけでなく、将来を引き起こすものです。エゼキエル書には、宣告する預言の優れた模範があります。預言者エゼキエルは、古代の戦場に連れて行かれました。その谷全体が、戦死した兵士たちの干(ひ)からびた骨で覆われていました。すると主は、骨が生き返るように預言せよとエゼキエルに命じます。エゼキエルが骨に向かって生き返るように預言すると、突然、塵(ちり)をかぶった骨の山から強大な軍隊が蘇(よみがえ)るのです。（エゼキエル三七・1～10参照）。

宣告する預言とは、普通では有得ないことが起こるように、物事に対して命じる預言です。万物創世の際も、これと同じ原理で神は世界が生じるように命じました。するとその預言の言葉のとおり、世界が創造されたのです。
預言は、信者の手の中にある原子爆弾のようなものです。私たちは使命を呼び起こし、神のわざを宣告する預言を受け入れる必要があります。預言の働きを蔑（さげす）んだり、拒否したり、否定するなら、極めて貴重な霊の戦いの武器を敵の手中に投げ入れてやることになるのです。

死を語る

エゼキエルが骨の谷に向かって語ると、強大な軍隊が現れました。しかしソロモンは、死と生は、舌の支配下にあると教えています（箴言一八・21参照）。ですから逆に、不躾（ぶしつけ）な舌を使って、強大な軍隊を骨の山にしてしまうことも可能なのです。ヤコブは、舌による大言壮語に警告を発しています。

また、船をみなさい。あのように大きな物が、強い風に押されているときでも、ごく小さなかじによって、かじを取る人の思いどおりの所へ持って行かれるのです。同様に、舌も小さな器官ですが、大きなことを言って誇るのです。ご覧なさい。あのように小さい火があのような大きな森を燃やします。（ヤコブ三・4〜5）

舌は、船のかじのようなものです。敵による逆風が止むまで、人生を安全な港に導くことができます。しかしそれとは逆に、私たちは風の吹くままに流されてしまうことが多いのです。つまり自分のスタンスや長所、価値観に従って生きるのではなく、状況という波にかじを任せてしまうわけです。

木々に目を遮(さえぎ)られて森が目に入らないほど激しい戦いの中に身を置くのは、とても辛いことです。しかし舌によって森に火をつけて燃やしてしまうなら、馬鹿げているとしか言いようがありません。敵の攻撃を受け、思いが捕らえられているときに、私たちが行ってしまう最悪の動作といえば、語ることです。私は、助けを求めて口を開くなとか、角(すみ)で静かにしていろと言っているのではありません。悪霊から来る思いや憶測、横柄な言葉を口に出すことについて述べているのです。こういった毒矢を口に出すということは、毒矢を心に受け入れ、それがたましいの中で生き続けるのを支援することになるのです。

時には賢明な人にカウンセリングしてもらい、思うままを語ることも必要です。それによってわだかまりの根本原因を知ることにもなりますから。しかし逆に、悪霊が私たちの思いに入れてくる事柄を繰り返し口に出してしまうなら、それは自分に向かって偽りを言い聞かせることになり、自分の心の中で、敵の偽りを強化してしまうのです。政治家やマーケティングの指導者たちは、この「繰り返しの原理」を周知しています。その原理とは、「人は、真実であろうとなかろうと、繰り返し耳にすることを信じる傾向がある」というものです。考えてみてください。人は、独り言を言うことによって、自分を死に向かわせることさえあるのです。

果樹園を造る

私が高校一年生だったときのことです。ある日、歴史の授業が代行の先生になりました。代行の先生は歴史の授業は行わずに、クラス全員の手相を見ることにしました。私はまだ若かったので、占いの力をわかっていませんでした。私は立ち上がり、手相を見てもらうために生徒の列に並びました。私の番が来ると、先生は私の手を見て、深くため息をつきました。そして読むのを止めたのです。

私はひどく取り乱して教室を出ました。何がなんだかわかりませんでした。ひたすら考え続けました。「どうして先生は、ぼくの手相を見なかったんだろう。」その日の終わりに、私は代行の先生のところに行き、手相を見てくれるように懇願しました。先生は気が進まない様子で私の手を取り、先生が見たことを話してくれました。

「君の生命線は短いのよ。つまり早死にするの」と、先生は恐る恐る話しました。

私は血の気が引き、体ががくがく震え始め、頭の中が混乱しました。急いで教室から出ると、家まで走って帰りました。先生の言葉は、何年間も私の頭から離れませんでした。私は心に破壊的な種を宿してしまい、結婚後、病に陥(おちい)ったときに、それがついに発芽したのです。悪い言葉というのは、毒のある木の実のようなものです。破壊的な言葉という命とりの果実は、私たちの周囲に当たり前のように存在しています。その果実を食べ、自分の中に取り込むか否かは、私たち次第です。果実を食べるなら、それは私たちの心と思いの中に根を張ります。それについて、パウロは次のように言いました。

最後に、兄弟たち。すべての真実なこと、すべての誉れあること、すべての正しいこと、すべての清いこと、すべての愛すべきこと、すべての評判の良いこと、そのほか徳と言われること、称賛に値することがあるならば、そのようなことに心を留めなさい。あなたがたが私から学び、受け、聞き、また見たことを実行しなさい。そうすれば、平和の神があなたがたとともにいてくださいます。（ピリピ四・8〜9）

ビル・ジョンソンはこう言っています。「我々には、たったひとつの考えを持つ余裕すらありません。もしそれが、神のものでないならば！」私たちは心と思いの入り口に護衛を置き、私たちの内側にある神の国を警備する必要があります。否定的な言葉を思い巡らすことは、心の門を開いて敵の軍隊を招き入れ、たましいという平和な宮殿の侵略を許可するようなものです。私たちの目と耳は、たましいに通じる二つのメインゲートです。見聞きの管理を怠ってはなりません。惑わしの種が、たましいという土の中に植えられてしまうことがないためです。

証は人の目を開く

一方、神の超自然的な働きを証しすることは、神の種を人の心に植えるようなものです。ビル・ジョンソンのベストセラー『励ます力―主にあって強く生きる』注2の中で、証は人を主にある召しに導く高速道路のようだとビルは述べています。実際、黙示録にはこうあります。「**イエスのあかしは預言の霊です**」。（黙示録一九・10）

言い換えれば、神が誰かのためにしたことは、あなたにもそうするということです。私たちが神のわざを忘れるということは、絶望的な状況から人を救い出すことができる神の超自然的な力を見失うことになるのです。エフライムの人々はその実例です。彼らは目に見える領域では戦争の準備に全力を尽くしましたが、目に見えない霊的な領域は蔑（ないがし）ろにしました。

エフライムの人々は、矢をつがえて弓を射る者であったが、戦いの日には退却した。彼らは、神の契約を守らず、神のおしえに従って歩むことを拒み、神の数々のみわざと、神が見せてくださった多くの奇しいことを忘れてしまった。（詩篇七八・9～11（強調は著者））

これら名のある戦士たちは、神が彼らのために行った奇跡を忘れてしまったために、戦争から退却したのです。

ベテル教会には、教会のために神がしてくださった働きを忘れないようにする取り組みがあります。教会のミニストリーを通して起こる奇跡を記録する人たちを、一人の有給スタッフがすべて監督しているのです。私たちの教会では、教会の所有物や経済を管理するのと同様に、証を管理することも願いとしているのです。私たちは率先して神がなされた御わざを語ります。それは神が、今にも奇跡を行おうとしていることを思い起こすためです。モーセも、命令と証を守るよう命じました。「**あなたがたの神、主があなたがたに命じられた命令と、あかしと、定めとを、努めて守らなければならない**」（申命記六・17、口語訳）。

証は神の奇跡だけでなく、神の国には備えがあることについても思い起こさせてくれます。この原則は、弟子たちが舟で移動する際、パンを持ってくるのを忘れた話の中で明らかにされています（マタイ一六・5～12参照）。イエスはこう言いました。「**パリサイ人やサドカイ人たちのパン**

種には注意して気をつけなさい」(六節)。弟子たちは食糧に関する無責任さをイエスが咎めているものと思っていました。しかし五千人と四千人に給食した上に、幾かごもの余りが出たことをイエスは思い起こさせます。そしてこう言います。**「わたしが言ったのは、パンのことなどではないことが、どうしてあなたがたには、わからないのですか。ただ、パリサイ人やサドカイ人たちのパン種に気をつけることです」**(十一節)。

イエスは「律法主義的な教え」を警戒するようにと教えられたのですが、弟子たちは未だに食べるパンがないことを心配していました。給食の奇跡を目撃したことを通して、弟子たちは今後、食糧不足の心配をする必要は一切ないことを学ぶべきでした。弟子たちが超自然的な備えの証を語っていたなら、それによって、より強固な刷新された信仰が与えられたはずでした。しかし彼らが給食の奇跡を忘れてしまったために、心配や恐れ、不安が心に入り込む扉を開けることになってしまい、それらが弟子たちの心に根を張ったのです。

ベテル教会では、私たちがこれまでに目撃した神の奇跡的な介入の証をしてから、すべての集会を始めることにしています。そうすることによって、日々直面する困難が、人の力ではなく神の力によって解決する、という期待感が生み出されるからです。毎月行われる役員会では、しばしば一時間にも及ぶ証の時が持たれます。というのは、役員会でもっぱら取り上げられる議題は、教会の経済だからです。何人ものリーダーたちが証しするのを聞くにつれ、参加者の重荷は消え去り、信仰が引き上げられるのです。いざ仕事に取り掛かる頃には、ベテルの神による超自然的問題解決法で心が満たされているというわけです。

確かにエフライムの人々のように、完全武装して霊的闘いに臨むべきです。そして神による勝利の戦歴を忘れてはなりません。さもないと心が萎えてしまい、戦いの最中で退却することになります。数年前から、私は日記をつけるようになりました。それは、戦歴を忘れないようにするためです。不精なため、必ずしも毎日つけることはできていませんが、厳しさが続く時期には、いつも苦闘の記録をつけるようにしています。苦しい時には、神によって恐れから解放された記事を読み返しています。哀歌三・21にこうあります。「**私はこれを思い返す。それゆえ、私には希望がある**」（英語聖句直訳）。主が過去になしてくださった御わざを思い返すことは、今吹いている嵐の中にあって、心の平安を保つ大きな助けとなるのです。

行動をとる心備えをせよ

時には敵の画策により、私たちの人生に嵐が起こることがあります。守備を怠り、敵の画策に陥ることがないように、行動をとる心備えをしておくことが肝要です（第一ペテロ一・13参照）。私は二〇〇四年に酷い大腸疾患になったのですが、その際にこの事を経験しました。一年以上にもわたって深刻な出血が続いたので、病院に行くことにしました。私は病院に行くことが嫌いです。私が持っている訳のわからない恐れの問題をつかれたくないからです。しかし重い腰を上げ、なんとか予約を取ったのでした。

まるで永遠に待たされているような気分で、殺風景で寒々とした診察室に座っていました。苛々（いらいら）しながら待っていると、頭の中に恐ろしいイメージが次々に浮かんできました。そのイメージの中では、手術台の上に寝かされ、医師たちに取り囲まれ、全員、顔を横に振りながら絶望した様子でした。

ようやく実際に医師が到着しました。私は診察室から逃げ出したい気分でした。しかし逃げ出す代わりに、おどけたそぶりで先生に症状を説明しました。病状を深刻に受け止めてほしくなかったからです。器具を挿入されて検査を受けた後（検査に関する詳しい説明は省きます）、先生から、大腸内視鏡検査の専門医に診てもらったほうがいいと言われてしまいました。

「専門医ですか?」と、私はいぶかりました。「先生、今この場で注射していただくとか、お薬を出していただくとかでは駄目なんでしょうか。」

「駄目です!」と、間髪（かんぱつ）いれず医師は答えました。「病状は軽いかもしれませんが、深刻である可能性があるからです。」

先生はその検査について説明してくれましたが、私はすでに恐れで呆然（ぼうぜん）としていました。混乱状態で診察室を出た私でしたが、幸いなことに専門医の予約は、二週間後でないと取れないとのことでした。

翌日、カンファランスで奉仕するためロサンゼルスに向かいました。主催者の牧師たちが私とキャシーを空港で拾い、第一回目の集会の前に昼食に連れて行ってくれました。一行は洒落たレストランでテーブルを囲み、暫し団欒の時を持ちました。私も一緒に座り、自分が死んで埋葬される想像上の光景が脳裏にちらつくのを懸命に振り払っていました。ウェイターが飲み物の注文を取りにきました。そのウェイターの様子が、私と同じように何か悩みがあるようだったので、私は彼を励ますことにしました。

「調子はどうですか」と、私は尋ねました。

「今イチです」と、彼は正直に答えました。

「どうかしたんですか」と私がこだわると、

「先週、兄が大腸癌で亡くなったんです。私もたった今、病院から戻ってきたところなんですが、私も大腸癌であることがわかりまして…。」

ウェイターは涙を堪えていました。私は言葉が見つからず固まってしまいました。自分の深刻な問題を再び思い出した私は、かすれた声で「あなたのことを祈りに覚えますよ」と伝えました。

二時間後、私はカンファランスで説教していました。レストランでの一件で、私の頭は未だにリーをしてもらいました。私はステージの上からチームを指導していました。一人の男性がチームに背を向け私のほうに振り向くと、ステージから降りて自分の話を聞いて欲しいというそぶりを見せました。降りていくのを躊躇（ちゅうちょ）した私は、ステージの上から身を屈（かが）め、彼の要望に耳を傾けました。

「実は今日、大腸癌と診断されたんです。あなたに個人的に祈って欲しいのですが。」

その後、集会がどうなったのか、私はまったく思い出せませんでした。心が恐怖の中を泳いでいたからです。二日後に帰宅しましたが、私の症状は時間ごとに悪化しているようでした。私は病気のことで頭が一杯でしたが、大腸の内視鏡検査まで、まだ一週間もありました。脳裏に襲い掛かってくる死のイメージを振り払いながら、長い一週間を過ごしたのでした。

検査の前日、私は教会にいました。その朝はビルが説教でした。説教が終わると、奇跡的な癒しを必要としている人たちのために、ビルは祈りのチームを前に呼びました。私は、他の人のために祈れば、自分の問題から思いを逸（そ）らせて好都合だと思いました。その日の奉仕チームの人数は五〇名くらいでしたが、祈りを求める人は二〇〇人くらい並んでいました。

私は、自分の列には四人しか並んでいなかったので安心しました。最初の男性が私の前に来たので、私は身を屈め、「何のために祈りましょうか」と耳打ちしました。「大腸癌なので、癒しが必要なのです」と、彼は涙を流しながら答えました。

読者は、残りの三人の祈りの課題の内容も察しがついているのではないでしょうか。そうです。四人とも大腸癌でした！

その日の午後、大腸炎が癒されたことのある若者が、私のために祈ってくれました。そのときは特に何も感じなかったのですが、症状は完全になくなりました。翌朝、内視鏡検査のために専門医のところに行きました。すると悪いところがまったく見当たらなかったのです。その体験から多くの年月が経ちましたが、その症状がぶり返したことは一度もありません。

前章では敵の策略について述べましたが、大腸の試練を通過するまで、私は敵の策略がここまで手の込んだものだとは思っていませんでした。行動をとる心備えをしておくことが大切です。さもないと、たましいに戦いを挑んでくるマインドゲームに惑わされ、敵の餌食（えじき）になってしまうからです。

自分が神の国の国民であることを忘れてはなりません。私たちは、義と平安と喜びのうちを歩むよう定められているのです。真理という肥料を蒔いて、私たちの心の土を耕し続ける必要があります。また、私たちに対する偽りを拒否しなければなりません。それは私たちの心に雑草の種を蒔き、自信をなくさせ、使命を実らせないようにするからです。最後に、私たちは心の果樹園に水を注がなければなりません。水とは、私たちを建て上げ、啓発し、慰める言葉のことです。

私たちが、神に愛された存在であることに気づかせる言葉です。

注1…ビル・ジョンソン、クリス・バロトン共著「The Supernatural Ways of Royalty: Discovering Your Rights and Privileges of Being a Son or Daughter of God」(Shippensburg, Penn.: Destiny Image, 2009).

注2…ビル・ジョンソン著「Strengthen Yourself in the Lord: How to Release the Hidden Power of God in Your Life」(Shippensburg, Penn.: Destiny Image, 2007).

第七章　本気の喜び

クリスチャンは、地上で一番幸せな人種であるべきです。イエスがこう祈ったことを思い出してください。**「わたしは今みもとにまいります。わたしは彼らの中でわたしの喜びが全うされるために、世にあってこれらのことを話しているのです」**（ヨハネ一七・13）。イエスの願いは、私たちがイエスの喜びで満たされることです。ヘブル一・9は、イエスが喜びの油注ぎを、共に立つ者に増して受けていると述べています。これは、イエスが行動を共にしていた人たちよりも、イエスのほうがもっと幸せだったという意味です。ということは、今では大喜びしているということです。私たちをもっと幸せにするために、神は聖霊を遣わし、私たちを慰めることにしました。神が私たちの快適さを望んでいるとは驚きです。でも待ってください。もっといいことがあります。聖書によれば、私たちの内側で聖霊が働いていることの実（証拠）は、「**愛、喜び、平安、寛**

容、**親切、善意、誠実、柔和、自制です**」（ガラテヤ五・22〜23）。ここにも「喜び」という言葉が出てきました。私たちはイエスの喜びと聖霊の喜びの両方を持っているのです。おわかりでしょうか。クリスチャンは、喜びの油注ぎを二重に受けているのです！

それでも読者が興奮しないというなら、これはどうでしょうか。「**神の国は飲み食いのことではなく、義と平和と聖霊による喜びだからです**」（ローマ一四・17）。神の国の三分の一は喜びなのです。使徒ペテロによれば、クリスチャンは「**ことばに尽くすことのできない、栄えに満ちた喜びにおどって**」いるべきなのです（第一ペテロ一・8）。しかし残念ながら、多くのクリスチャンにとって、喜びは自分と無関係な感情に過ぎません。なぜかといえば、宗教の霊が巧妙に彼らのたましいに忍び込み、イエスが買い取ってくださった豊かないのちを奪い取ってしまったからです。

笑いの力

言葉で表現できないことが、笑いに表われるということはよくあることです。嬉しくてたまらないのに笑わないというのは、とても難しいのではないでしょうか。笑いが人を幸福にすることは、周知の事実です。もちろんこの場合の笑いとは、善意に基づいた本物の大笑いのことであって、嘲笑ではありません。ソロモンは何千年も前に「**心の楽しみは良い薬である**」と言いました（箴言一七・22、口語訳）。しかし現代医学が、笑いのもたらす効果の一部分を本気で探求し始めてから、まだ三〇年程度しかたっていません。

ノーマン・カズンズは、笑いと治癒力を科学的に関連づけたことでよく知られています。カズンズは政治ジャーナリストであり、社会運動の活動家でもありました。彼はロシアへの強行軍の後、強直性脊椎炎という一種の脊柱関節炎に罹りました。激痛でほとんど寝たきりだった彼は、五〇〇人に一人の割合でしか直らないことを医師から宣告されます。それを聞いたカズンズは、この病に取り組む決意をしました。担当医の協力を得て、従来とは異なる治療計画を立てました。カズンズは病院を出てホテルの一室に移り住み、鎮痛剤の代わりに多量のビタミンCを摂りました。そして笑いの奇知を得るために、マルクス・ブラザーズの映画やキャンディッド・カメラといったテレビ喜劇を観ることに、多くの時間を費やしたのです。

カズンズは、著書「笑いと治癒力」の中で、次のように記しています。「その方法には効果があった。一〇分間の抱腹絶倒には麻酔効果があり、私に少なくとも二時間の無痛の眠りを提供してくれるという喜ばしい発見があった」[注1]。この「治療」の数週間後、カズンズの痛みは仕事に復帰できるまでに弱まり、その後、完治したのでした。

こんにち科学者たちは、笑いが痛みを消す根拠に関していくつかの学説を唱えています。笑いはエンドルフィンの分泌を促進し筋肉の緊張をほぐす、あるいは笑いが単純に人の意識を痛みから逸らすと考えられています。そして科学者たちは、ノーマン・カズンズが特殊なケースではないという点で一致しています。笑いには、間違いなく鎮痛効果があるのです。また学者たちは、笑いには、肉体、思考、感情、人間関係などにおいて、他にも多くの利点があることに気づいています。

笑うときの肉体的な動作には、三種類の基本的な利点があります。第一に、笑いには運動と同様の効果があるということです。笑うことにより、肺は通常よりも深く呼吸することになり、心拍数も上昇し、体の様々な筋肉が使われるため、血液循環と血圧を改善する効果があります。第二に、笑いは体をリラックスさせ、脳がストレスホルモンを分泌するのを防ぎます。ストレスホルモンは、人の免疫（めんえき）システムを抑制し、体を疲れさせ、病気にかかり易くさせる働きをします。

二〇〇五年、メリーランド州立大学医療センターの医師団は、笑いは、アメリカにおける代表的な死因である心臓病に対する、「最良の医薬品」であると発表しました。笑いには、ストレスによる血管内壁の劣化を防ぐ効果があるとのことです[注2]。第三に、笑いは免疫システムを活発にする働きがあります。様々な研究によれば、笑いには癌やウイルス、呼吸器系のトラブルに対する生来の防衛システムを強化する働きがあることがわかっています[注3]。

笑いとユーモアは、精神情緒的健康の創出と維持にも必要不可欠な手段です。当然それは、身体的な健康にも直接影響を与えます。人は多くのストレスを受けると、恐れや悲しみ、怒りなどの否定的な感情を抱きます。笑ったり、泣いたり、叫んだりして、ストレスを解消しない限り、心身に害を及ぼしてしまいます。「笑い療法」を推進する精神医療の専門家が増えており、笑いは有害なストレスホルモンの分泌を抑制するだけなく、病と戦う防衛物質を活性化すると主張しています。笑いは否定的な思いを発散するだけでなく、希望やヤル気などの肯定的な感情を生み出し、斬新(ざんしん)で楽観的な物事の見方を創出する働きもします。

強制収容生存者であるヴィクトール・フランクルは、ユーモアが強力な生存手段であることの目撃者です。ユーモアのお陰で、フランクルや他の囚人たちは、人生の暗闇の中でも生きる希望と意義を持ち続けることができました。フランクルはこう証言しています。「ユーモアとは、ほんの数秒でも、周囲から距離をとり、状況に打ちひしがれないために、人間という存在にそなわっているなにかなのだ」注4。笑いの研究家たちは、カズンズやフランクルのように、ユーモアによって強制収容所や癌、戦争、愛する者の死、トラウマ、様々な病、日々の辛い仕事から来るストレスを生き抜いた人々の無数の証言を明るみに出しています。

人生が楽しくもないのに笑うことは、本能に逆らう行為です。しかし笑い療法の支持者たちは、そういう時こそ笑うべきだと述べています。なぜなら笑いの底力は、困難な状況でしか見えないからです。笑い療法の基本は、笑いを用いて逆境の中を生き抜く方法を教えることです。笑いによって逆境を克服するとき、笑いは本能を超越した動作になります。ストレスに対抗し健康を維持するためのスキル、つまり心の知能指数の重要な構成要素となるのです。

笑いのスキルを上達させるのに役立つ二つの事実が、研究によって明らかになっています。第一に、読者の思いとは裏腹かもしれませんが、笑いを誘発する要因の首位はユーモアではありません。ロバート・プロバインは、数百時間を費やして、日常生活における笑いを研究しました。彼の研究結果によると、笑いは社会現象であり、人類共通の言語です。実際、プロバインは、笑うことを「異なる言語で語ること」（スピーキング・イン・タングズ）と呼んでいます。その理由として、笑いは社交を促進するものであるがゆえに、ほとんどが社交的な場で起こるからだと述べています[注5]。一方、このことは、人と一緒にいることは、笑いのスキルを上達させる最良の方法であることを意味しています。他方、より多く笑う人は、無意識のうちに周囲の人を魅了していて、より強固な社会的ネットワークを広げる傾向にあることを意味します。そしてこの社会的ネットワークは、ストレスコントロールの重要な要素でもあるのです。

笑いのスキルを上達させる第二番目の事実はこれです。止められないほどの笑いを引き起こす最も確実な方法は、そういう笑いを真似することです。一般社会の笑い療法促進運動の中心人物の一人であるマダン・カタリア博士は、生まれ故郷のインドで「笑いクラブ」を創設しました。ノーマン・カズンズの研究結果を再現するのが目的です。カタリア博士は、被験者グループの冗談ネタか尽きてしまい、「理由なしに」笑ったとしても効果があることを発見しました注6。笑いという肉体的な行為は、強いられて始めた場合でも、十分な肉体的、感情的、精神的効果を生み出すのです。その効果は、ユーモアやゼスチャーによって増幅することが可能で、増幅された効果によって、笑いが本物になってしまうのです。

カタリア博士は「笑いヨガ運動の創始者」として知られていますが、(私も含めて)多くのクリスチャンは、ヨガの中に東洋の宗教的要素や悪霊的要素があることに気づいています。ですから私は、ヨガの実践を薦めるわけではありません。単に、一般社会の人でも、笑いに療法的利点があることを認識していると指摘しているだけです。

その一般社会の結論に焦点を絞ってみましょう。カタリア博士は、自身の発見を土台にして「笑いヨガ」と呼ばれる体操を開発したのですが、この発見は、笑いクラブが増殖し世界中に飛び火するという連鎖反応を巻き起こしました。博士は、雑誌「オプラ」で特集され、「ニューヨーカー」や「タイム」「フォーブス」でも記事の中で賞賛されています。博士のウエブサイトは、「笑いのお陰で人生に喜びが戻ってきた」「慢性的な痛みや病に立ち向かえるようになった」「人間関係の問題が解決され、絆が強められた」「人生が一変した」など、人々の体験談で溢れています。笑いヨガは世界平和の鍵だと言う人さえ大勢いるのです。サイトにある笑いクラブの動画では、参加者がみな大声で笑いながら踊り廻っている様子を見ることができます。あたかもリバイバル集会を見ているかのようです。

このことから思わされるのは、世の人は、生きる喜びからくる力や価値観を本能的に認識しているということです。カタリア博士の笑いヨガは、救われていない人が、笑いという天賦の賜物を使って、一般社会で成し遂げ得る最高のものを提供しているのです。神の超自然的な力でこのようなことが引き起こされて、世間の注目を浴びたらどうなるか想像できますか。恐らく宗教的な人たちは、いわゆる聖なる笑いと呼ばれる現象に、まごついてしまうことでしょう。この聖なる笑いについてはこのあとすぐに述べるつもりですが、この世は聖なる笑いを受け入れる準備ができています。なぜなら一般社会の人々は、すでに「理由なしに」笑うことの価値を認識しているからです。キリストの教会がこの世に対して笑うべき最大の理由を示すなら、つまり人々に創造主の喜びを分け与えるなら、人々は躊躇せずに仲間に入ると私は確信しています。

聖なる笑い

一九九四年、カナダのトロントにある小さな教会の上に、神が超自然的に舞い降りました。「トロント・ブレッシング」として知られる御霊の臨在の顕れとして、「聖なる笑い」が起こりました。宗教的な人々は、非聖書的かつ異端的で愚にもつかない現象だと決めつけ、そのムーブメントを拒絶しました。

一部の人がこのムーブメントの現象を拒絶した理由を理解するのは、難しいことではありません。文字通り床に倒れて転げ回っている人がいるかと思えば、はっきりとした理由もないのに笑いが止まらなくなっている人もいて、不注意で無目的に見えたかもしれません。しかしトロント空港ビンヤード教会から、人々が内側から癒され、回復しているとの報告が届き始めたのです。その知らせによって、神の顕現（けんげん）に関する愚かしい側面は一掃されました。その結果、世界中から何百万人もの人々が押し寄せることになったのです。

私は、何千人もの人々が見えざる聖霊の臨在によって圧倒されるのを、自分の目で目撃しました。私の妻、キャシーは、感情面でとても安定した女性ですが、そのキャシーがこのムーブメントによって劇的な影響を受けたのです。彼女は神の臨在に圧倒され、あたかも何かに陶酔しているかのような状態になった時期がありました。キャシーが馬鹿みたいな行動をとっているのを観ていた私は、はじめは悩んでしまいました。しかしその体験の実が見えてきたのです。それは、彼女自身にとっても、周囲の人々にとっても、実に肯定的なものでした。それを見た私は、自分も体験してみたいという飢え渇きを持つようになりました。

私が科学者たちによって書かれた笑いに関する本を読む遥（はる）か前に、神はすでに独自の方法で、クリスチャンたちに笑いによる回復のわざを施していました。多くの人が嘲笑し、馬鹿にしている一方で、何百万人もの人が癒されていたのです。ソロモンが数千年前に、このことについて的をついた描写をしています。**「心の楽しみは良い薬である」**（箴言一七・22、口語訳）。生ける神の教会が、薬局になる時がそろそろ来ているのかもしれません。

注1…Norman Cousins 著「Anatomy of an Illness」(New York: W.W. Norton &Company, 1979), 43. ／「笑いと治癒力」(岩波現代文庫)

注2…Michelle W. Murray,“Laughter Is the” Best Medicine” For Your Heart,” (July 14, 2009), http://www.umm.edu/features/laughter.htm.

注3…Marshall Brain,“How Laughter Works,” (April 01, 2000), http://health.howstuffworks.com/mental-health/human-nature/other-emotions/laughter.htm.

注4…Paul McGhee, Ph.D. 著「Humor: The Lighter Path to Resilience and Health」(Bloomington, Ind.: Author House, 2010), 82.

注5…Robert Provine 著「The Science of Laughter」http://www.psychologytoday.com/articles/200011/the-science-laughter.

注6…. Madan Kataria 著「Laugh for No Reason」(Bengaluru, India: Madhuri International, 1999).

第八章　神の武具

紀元六二年、ローマ人は使徒パウロを再び投獄しました。刑務所の環境は厳しいものでした。換気設備がなく空気がこもった独房は、耐え難い蒸し暑さです。鼻をつく排泄物の臭いが獄中に充満しています。重たい鉄のかせがパウロの手足に食い込み、老人の弱々しい体を疲れさせます。厳重な警備体制は剃刀（かみそり）の使用を禁じており、髪も髭（ひげ）も無様に伸び放題です。パウロの目は窓のない獄中の薄暗さに痛々しいほど馴染み、のちに「獄中書簡」と呼ばれる四通の手紙をかろうじてしたためています。

神に見捨てられたかのように思えるこの鼠（ねずみ）の穴に、面会者はほとんど来ません。ただ恐ろしいローマ兵が時おり見廻りに来ては、無慈悲に監房を覗き込んでいくだけです。おかしなことですが、ローマの無慈悲な司法官による宣告を待ちながら、運命と闘う孤独なたましいにとって、敵のはずの番兵さえ歓迎の対象となるのです。

あの偉大なる使徒パウロがエペソ人への手紙を書き綴(つづ)ったのは、実にこのような場所でした。その衝撃的なまでに貧相な環境とは裏腹に、パウロは次のように述べました。


神のみこころによるキリスト・イエスの使徒パウロから、キリスト・イエスにある忠実なエペソの聖徒たちへ。私たちの父なる神と主イエス・キリストから、恵みと平安があなたがたの上にありますように。私たちの主イエス・キリストの父なる神がほめたたえられますように。神はキリストにあって、天にあるすべての霊的祝福をもって私たちを祝福してくださいました。すなわち、神は私たちを世界の基の置かれる前から彼にあって選び、御前で聖く、傷のない者にしようとされました。（エペソ一・1～4）

パウロの云わんとしていることは明確です。「たとえ私の肉体を投獄し、手足を縛り、面会者から遮断することはできても、私の喜びを閉じ込め、祝福を束縛し、霊的相続財産を奪うことはできません。」

ほんの数百年前なら、王様でさえ手が届かなかった快適さの中で暮らす現代人の多くは、状況が厳しくなると不平を言います。彼らは、来るべき天の座席が、彼らの地上の環境に取って代わることを見落としているのです（エペソ二・6参照）。

私にはとても裕福な友人がいます。彼は昔、信じられないほど過酷な境遇にいました。夫婦関係は破綻し、独り息子との関係は緊張状態にあり、ビジネスは財政的に深刻でした。彼はその状況に酷く落ち込み、生まれて始めてプロのカウンセラーに相談することにしました。色々と調べた後、彼は自家用飛行機で大陸の半分を横切り、アメリカで最高の評価を持つ心理学者に会いに行きました。

診察室に腰掛けると、カウンセラーから「ところでどうして私のところに来られたのですか」と尋ねられました。

「夫婦関係で苦しんでおり、息子との関係も悪く、仕事も上手く行っていないからです。人生に悩んでいるんです」と友人は答えました。

「でも幸せとは内面的なものではありませんか。」と心理学者は切り返しました。

驚いたことに、友人は立ち上がって机まで歩いて行くと、三〇〇ドルの小切手を切ったのです。医師は言いました。「どうされました。ここに来てからまだ五分しかたっていませんが。」

「ええ、でもここに来た甲斐がありました。自分が落ち込んでいるのは、周囲の状況のせいだと思っていたんです。でも今わかりました。周囲の状況が内面の決定要因にはならないことが。私を取り囲んでいる王国は、私の内にある神の国を支配できないことに気づいたんです。先生、助けてくださってありがとうございます。」と説明すると、友人は診療所を立ち去りました。彼は心を一新されて帰宅しました。その後二年近く、外面的な状況は変わりませんでした。

多くの場合、外的要因がその人の心の状態を左右します。人は他の人の行動や心の状態の犠牲者となり、骨抜きにされてしまいます。彼らは目に見える状況こそ、自分の状況だと信じ込んでいるのです。しかし実のところ、あなたの人生に起こることはどうにもできないとしても、あなたの内面に起こることは完全にコントロールできるのです。

天の所に座す

パウロはエペソ書の中で、クリスチャンの生涯には三種類の霊的季節があると述べています。パウロはそれを、比喩的に「座る」「歩む」「立つ」という三種類の動作を使って説明しています。投獄期の初期に、パウロは次のように書きました。

しかし、あわれみ豊かな神は、私たちを愛してくださったその大きな愛のゆえに、罪過の中に死んでいたこの私たちをキリストとともに生かし、—あなたがたが救われたのは、ただ恵みによるのです——キリスト・イエスにあって、ともによみがえらせ、**ともに天の所にすわらせてくだ**

さいました。それは、あとに来る世々において、このすぐれて豊かな御恵みを、キリスト・イエスにおいて私たちに賜る慈愛によって明らかにお示しになるためでした。（エペソ二・4〜7、強調は著者）

私は、「石鹸で泡だった湯船にもたれかかり、リラックスする」ような人生の季節が大好きです。神の御子ご自身も、この種の季節を体験されました。父なる神が「**わたしがあなたの敵をあなたの足台とするまでは、わたしの右の座に着いていよ**」と言われたのを思い出してください（詩篇一一〇・1）。このような期間について考えると、私は詩篇二三・2〜3のダビデ王の言葉を思い出します。「**主は私を緑の牧場に伏させ、いこいの水のほとりに伴われます。主は私のたましいを生き返らせ、御名のために、私を義の道に導かれます。**」私はこう言いたくなります。「ああ、主よ。私をその緑の牧場に伏させ、あなたの慈しみに酔わせてください。私をあなたの慰めで抱きしめ、あなたの豊かさを溢れさせてください。私に愛の言葉を囁き、口づけによってあなたの愛を教えてください。」

神がその愛と憐れみと恵みについて教えてくださるのは、まさにこのような人生の季節においてです。私はこのような季節のことを「神の恵みを学ぶ」季節と呼んでいます。この期間に一生懸命仕事をしたり、長時間祈ったり、熱心に学ぶなど、何らかの努力をするなら、その季節を台無しにしてしまうことになります。このような時期には、主にあって安息することや全生涯を神に捧げることを学ぶべきです。ただ、あたかも神が、「怠惰（たいだ）」になることを許容しているかのように感じてしまう季節でもあります。

誤解のないように言っておきますが、私は怠惰が神の国において賞賛できる資質ではないことをわきまえています。ただ私は、安息の季節の中にいるとき「どのように感じるか」と述べているだけです。戦いとか、武器とか、苦闘、戦争といった言葉は、この時期には不向きなようです。熱い湯船の中でくつろぎながら、殺人事件のミステリー小説でも読むような季節だということです。戦場からは遠く離れていて、霊の戦いなどはフィクションとしか思えない季節です。

この霊的な春をまったく体験することのない信者が大勢います。その人たちはまるで霊的な南極圏に生まれたようなものです。いつも冬ばかりで春が来ません。私はこの冷凍選民に共通項があることに気づきました。彼らにとって「天の所にすわる」ことは詩的喩（たと）えでしかないのです。知的な哲学か神学的な希望であって、革命的な現実ではありません。しかし目に見えるところではなく信仰によって歩むときに、初めて霊的な春を真に体験できるのです。私たちの内にある神の国は、周囲にある王国よりも力強いのです。

拙著「激しい雨―周囲の環境を変える方法」[注1]の中で詳しく述べていますが、クリスチャンは二重の市民権を持っています。天の市民権と地上の市民権です。重要なのは、地上から天に向かって生きるか、天から地上に向かって生きるかです。天の座席が遥か未来の約束に過ぎないなら、クリスチャンは常に防御体制で生きることになります。つまり、既に完了していることのために祈り求めるのです。「ああ、主よ。私の友達を癒してください」とか「ああ神さま、私の経済状態を何とかしてください」とか「神さま、この人間関係を修復してください」といった祈りは、みな防御的な祈りです。

厳しい状況はこういった願いを誘発しますし、どんなことでも上手く行っていないことに関して祈るのは大切です。しかし祈りの生活全体が否定的な状況に動機づけられているなら、席替えをすべきです。地上の座席は、日和見的な祈りを生み出してしまいますからです。そこに長居しすぎると、「大きな悪魔・小さな神信仰」に陥るのが落ちです。

逆に、キリストと共に天の御座に座ることを選ぶなら、私たちは力強く、攻撃的で、平安に歩むことになります。また祈りは、将来を先取りする預言的な宣告になります。内なる神の国が、周囲の状況に向かって命令するようになり、私たちは被害者ではなく勝利者となるのです！この「天の所に座す」信仰によって「神の恵みを学ぶ」季節を歩むときに、革新的現実を体現するようになるのです。

気高い召しの中を歩む

年老いた使徒パウロが、薄暗く湿っぽい地下牢で、長く危険な夜を耐え忍ぶ姿が目に浮かびます。使徒は鞭打ちと石打で痛めつけられ、立ち上がることもできません。痛みに悩まされながら、羊皮紙の上に細心の注意を払って次のように書いた老人は、独房の床を行ったり来たりし始めます。「**さて、主の囚人である私はあなたがたに勧めます。召されたあなたがたは、その召しにふさわしく歩みなさい**」（エペソ四・1、強調は著者）。

体は硬直し疲れていても、思いは教えに満ちていた偉大な使徒は、預言者ハバククの「**私の主、神は、私の力。私の足を雌鹿のようにし、私に高い所を歩ませる**」という言葉を思い出したのでしょうか（ハバクク三・19）。あるいは神の季節が移り行く中で、聖霊の霊感を直接受けたのかもしれません。パウロがこのような「歩むこと」に関連した用語を使うときは、数日前に使った「座る」という表現とは、意味において際立った違いがあることを示しています。

歩みの季節は、神との共同作業において、私たちが主動権を取ることを意味しています。私たちがそうする理由は、神の国の国境を他の人の人生の中にまで広げるためです。季節の変化を告げる聖霊の風が吹くとき、風は私たちの人柄に働きかけ、神の様々な属性を現わさせます。神の恵みに安息して座す季節は過ぎ去り、今や私たちの努力を通して神の力が流れ出るときが来ました。それは、私たちが主にある気高い召しを実行するときに起こります。霊的な季節を学ぶなら、私たちは帆を上げて、神の風が導くままに使命の港に向かうことができます。しかし歩くべきときに座ったままでいるなら、神の時を逃し、みこころを遅らせてしまうことになります。

モーセは出エジプト記の中でこの変化の風を体験し、こう記録しました。

それでモーセは民に言った。「恐れてはいけない。しっかり立って、きょう、あなたがたのために行われる主の救いを見なさい。あなたがたは、きょう見るエジプト人をもはや永久に見ることはできない。主があなたがたのために戦われる。あなたがたは黙っていなければならない。」主はモーセに仰せられた。「なぜあなたはわたしに向かって叫ぶのか。イスラエル人に前進するように言え。（出エジプト記一四・13～15）

この箇所で何が起きているかわかりますか。モーセは民に向かって、神の奇跡のわざを「立って見るように言いました。しかし事実上、神はモーセに「泣き言を言うのを止めて歩き始めなさい！」と言われたのです。時として、私たちのために神が何もしようとしない場合があります。それは神が、私たちとの共同作業を求めているからなのです。私たちは緑の牧場に伏し、憩いの水が私たちのたましいを潤していたかと思いきや、神は言われます。「何をぐずぐずしているのですか。立ち上がって谷間を歩き始めなさい。」

私は思わずこう言いたくなります。「神さま、私をここに伏させたのはあなたではありませんか。敵を足台にするまで、ここに座っていろと言ったのはあなたですよ。この新しい思し召しは一体どういうことですか？」

しかし色々な意味で、歩みの季節ほどエキサイティングな時期はありません。私たちを通して神の御手が働き、悪魔のわざが打ち砕かれるとき、物凄いことが起こるからです。勝利というのはどのようなタイプであっても、この歩みの季節に起こるものです。按手して祈ったら誰かが癒されたとか、昼飯代を献金したら奇跡的に必要が満たされたとか、大した意味はないと思って語った言葉が夫婦を和解に導いた、などなど。勝利は目前です。希望で心は満ちています。

敵の前に立つ

エペソの聖徒たちに手紙を書き始めてから、数週間たちました。ローマの刑務所の悪条件の中で、時を超えて有用な書簡を書くために無理した老僕は、その骨の折れる仕事の代価を払わなければなりませんでした。

使徒たちは、どうやら脱獄のコツを心得ていたようです。紀元四四年頃、ペテロはエルサレムにある警備が厳重な牢獄から奇跡的に解放されました。そのためヘロデ王は、警備していた兵士たちを処刑する命令を出しました（使徒一二・5～19参照）。パウロとシラスも脱獄で名を上げました。ローマの地下牢で二人が賛美していると、突然、地震が起こり牢獄の土台が揺れました。刑務所の扉は開き、囚人たちの鎖がみな解けたのです。パウロは守衛たちが殺されるのを哀れに思い、逃走を拒否しました（使徒一六・25～30参照）。

今回ローマ人たちは、手ごわい囚人を抜かりなく取り扱いました。王は、最新の装備で身を固め、最も忠実で、最も屈強な兵士の連隊に、パウロの独房を守らせました。囚人たちは鉄格子に囲まれ、かせを取り付けられ、石造りの刑務所に入れられているにもかかわらず、守衛たちは全員、厳戒態勢で逃走計画の阻止に当たりました。

ある日パウロが独房の隙間から外の様子を伺うと、兵士たちの装備に目が留まりました。パウロが守衛たちの武器や武具を観察し、彼らの特殊な任務について思いを巡らしていると、聖霊が語り始めました。

終わりに言います。主にあって、その大能の力によって強められなさい。悪魔の策略に対して立ち向かうことができるために、神のすべての武具を身に着けなさい。私たちの格闘は血肉に対

するものではなく、主権、力、この暗やみの世界の支配者たち、また、天にいるもろもろの悪霊に対するものです。ですから、邪悪な日に際して対抗できるように、また、いっさいを成し遂げて、堅く立つことができるように、神のすべての武具をとりなさい。では、しっかりと立ちなさい。腰には真理の帯を締め、胸には正義の胸当てを着け、足には平和の福音の備えをはきなさい。これらすべてのものの上に、信仰の大盾を取りなさい。それによって、悪い者が放つ火矢を、みな消すことができます。救いのかぶとをかぶり、また御霊の与える剣である、神のことばを受け取りなさい。すべての祈りと願いを用いて、どんなときにも御霊によって祈りなさい。そのためには絶えず目をさましていて、すべての聖徒のために、忍耐の限りを尽くし、また祈りなさい。

（エペソ六・10〜18、強調は著者）

刑務所に戻ってローマ兵の武具について学ぶ前に、読者に注目して欲しいことがあります。パウロがエペソ書を書き始めてから数週間たちましたが、その間に霊的な季節が再び変化しました。パウロはもはや、天の所に座ることについては述べていません。気高い召しを遂行するよう励ましているのでもありません。「しっかり立て」と言っているのです。立つ用意ができたなら、「立ちなさい」と言っているのです。この「立て」という言葉の意味するところはこうです。今やキリスト教の存在意義は、領地を拡大することではなく、既存の土地を維持するだけになっており、危険な時代を迎えています。今は戦いのときです。なぜなら事実がフィクションのように見え、クリスチャンたちはこれが実生活ではなく小説だったら良いのにと願っているからです。

これは私の推測ですが、囚人パウロがこの洞察に満ちた書簡の最後の部分をしたためたことにより、独房内での霊的攻撃は劇的に強まったはずです。暗闇の支配者たちがパウロに戦いを挑み、激しい闘いが続いたはずです。この偉大な書簡の最後の箇所は、パウロがこの書簡を書き始めた頃の思想の土台となった勝利の言葉とは対照的です。

六章という短い書簡の話題は、敵を足台とする御座にキリストと同席することから大きく転換し、信者に大打撃をもたらそうとする悪霊との無制限デスマッチに移りました。私は、キリストの公生涯に関する二つの逆説的な箇所が、この対照的な霊的季節の「感触」を示していると思います。ルカは、力強い季節のほうを次のように記録しました。

ある日のこと、イエスが教えておられると、パリサイ人と律法の教師たちも、そこにすわっていた。彼らは、ガリラヤとユダヤとのすべての村々や、エルサレムから来ていた。イエスは、主の御力をもって、病気を直しておられた。（ルカ五・17、強調は著者）

しかしマタイは、イエスが故郷の町で教えておられたときの弱々しい季節を次のように描写しました。（イエスにとっては最悪の日ですが、それでも私たちにとっての最善の日よりも優っているというのは、ばつが悪い話です。）「**こうして、彼らはイエスにつまずいた。…そして、イエスは、彼らの不信仰のゆえに、そこでは多くの奇蹟をなさらなかった**」（マタイ一三・57～58強調は著者）。

読者にはもうお分かりだと思います。イエスでさえ、公生涯の中で様々な霊的季節があったということです。私は「座る」季節が大好きですし、心地よくて長い「歩み」の季節の中で使命の実を結ぶことを楽しんでいますが、敵と格闘しなければならない「立つ」季節を楽しいと思ったことは一度もありません！

武具から洞察を受ける

本書では多くの頁と時間を裂いて、霊の戦いについて学んでいます。それではパウロの独房に戻り、エペソ書六章のローマ兵の武具に関する啓示から洞察を得ることにしましょう。

一・腰には真理の帯を締めなさい

ローマ兵はみな、他の武具を身につける前に、丈夫で幅の広い帯を巻きました。帯は兵士の腹筋をサポートし、腹部を防御しました。

霊的洞察

神の言葉はあらゆる真理の本質ですが、この箇所の「真理」という言葉は聖書を意味しているわけではありません。では何を意味しているかというと、「現実」です。多くの人は見せかけのものの背後に隠れ、他人に真実を知られまいとします。アダムとエバがいちじくの葉で恥部を覆い隠したように、多くのクリスチャンも人が作り上げた現実を身にまとっていますが、悪霊には簡単に突き破られてしまいます。彼らは薄っぺらな人柄によって、一部の人たちを騙すことはできるかもしれませんが、激しい戦闘の中では、その薄っぺらな本性が雨露に晒(さら)されてしまいます。それゆえパウロは、正直でありなさい、誠実に生きなさい、神と人との前に真実でありなさいと諭しているのです。特に敵に取り囲まれたときには、不誠実は人生の破滅に通じる入り口になります。

二．義の胸当て

胸当ては、兵士の心臓や他の大切な臓器を守りました。

霊的洞察

何千年も前の賢者がこう記しました。「**力の限り、見張って、あなたの心（心臓）を見守れ。いのちの泉はこれからわく**」（箴言四・23）。心はたましいの座席であり、霊の足台です。キリストを信じたとき、私たちは心臓移植手術を受けたのです。イエス・キリストこそ、喜んで心臓を提供してくれたドナーです。人は義を生み出すことはできません。ただ守るだけです。義はクリスチャンの新しい性質の一つですが、贈り物として貰ったものです（ローマ五・17参照）。敵は、人の心は邪悪だと説得したくてしょうがありません。しかし悪魔は、偽りによって責めているだけです。神の義はすべてのクリスチャンにとって、いのちを守る胸当てなのです。心配には及びません。神があなたを守っていますから！

三．平和の履物

ローマ兵の履物は、現代のスポーツ選手が履くスパイクのように、底の部分にくさび形の金属片が着いていました。このくさびのお陰で、接近戦における安定性が確保されたのです。私はこの金属片を「平和のくさび」と呼んでいます。

霊的洞察

この平和のくさびは、愛を理解するための接近戦、また愛を土台とした接近戦において役に立ちます。パウロがローマ書の中で、「**平和の神は、すみやかに、あなたがたの足でサタンを踏み砕いてくださいます**」と書いているのは興味深いことです（ローマ一六・20）。自分を憎んでいる相手を愛し、迫害する者のために祈るとき、私たちは神を知らない失われた世界に、平和の福音を提示することになるのです。人類は悪魔の敵です。悪魔には、地球上に友達がひとりもいません。悪魔は人々に殺し合いをさせようと必死になっています。イエスは言いました。「**悪い者に手向かってはいけません。あなたの右の頬を打つような者には、左の頬も向けなさい**」（マタイ五・39）。主が推し進める福音は躍動的です。神殿にいた両替人に尋ねてみればわかります。イエスが教えるのは、性悪な性質を変異させる方法です。例えば、誰かが私を殴るとします。私は自動的に殴り返します。この場合、私は反射的にそうしているだけで、私以外の人間が外部から私の行動を誘発しているのです。けれどももし誰かが棒で殴りつけても私が殴り返さないとしたら、私は性悪な性質を破壊し、平和の福音を提示したのです。そうすることによって私は、私の内側に存在する力が、私の外側に存在する力よりも強いことを証明しているのです。ついに私は、血肉が私の敵ではないことを悪魔に思い知らせ、それによって悪魔の邪（よこし）まな狙いは打ち負かされるのです。

一九九八年に私がベテル教会のスタッフになったとき、魔女が何人か礼拝に集っていました。地元の魔女集団の代表格が、ベテル教会で救われてしまったのです。それで礼拝を混乱させ、元リーダーに嫌がらせしようと、魔女集団の一部が教会にやって来ました。彼女たちは説教中、説教者に呪いの言葉を浴びせました。教会の祈りの戦士たちは祈りの中で呪いの言葉を打ち砕き、魔女たちを叱責することによって応戦しました。この戦いは一年以上も続きました。

時には、少しぞっとする場面もありました。何が問題だったかというと、会衆がその「新しい友人たち」を怖がり、平安を失ってしまったのです。平安を失うと、必然的に精神的な足場を失うことになり、信仰は恐れに道を開けることになります。混沌とした霊の戦いが数ヶ月間続いたとき、私は嫌気が差してきました。それで新しい戦法を実行することにしました。魔女たちが集会に来ていることがわかったときは、私は自分の席を離れ、彼女たちが座っているところに移動することにしたのです。そして一人ひとりに思いっきりハグして、私が主にあって彼女たちを愛していることを伝えました。魔女たちはこのハグと愛の表明にどう対処したらいいのか戸惑い、混乱しました。彼女たちは祈りのチームによる叱責と呪いには防備を固めていましたが、愛に対しては無防備でした。その後一年くらいの間に、何人かがキリストを受け入れ、あとは来会しなくなりました。愛は決して失敗に終わることがないのです。

四．信仰の盾

ローマの盾は、木製の本体を革で覆ったものでした。革は、防火のために水に浸すことがしばしばありました。(敵の放った火矢を消すためです。) 盾は、高さが約九〇～一二〇cm、横幅は約六〇cmでした。このサイズは、盾を持って屈んだ兵士を覆うのに十分な大きさで、敵に対する防御壁の役割を果たしました。

霊的洞察

私たちは、あるひとつの理由から「信者」と呼ばれています。それは信仰を持っている者だからです。霊の戦いの真の戦場は、つまるところ信仰です。そして単純にして深遠なポイントは、誰を信仰するかということです。敵の罪責の声を信じるか、目の前の状況を信じるか、善意の友人の言葉を信じるか、神の言うことを信じるかです。「信仰」という言葉は新約聖書だけで三八回登場し、神と共に歩むことを描写するために使われています。

信仰に関して誤解しないように注意してください。私たちは、信仰を奪い取ろうとする悪霊どもに取り囲まれているのです。エデンの園にいたあの忌まわしい蛇は、密かに人類の使命を損なおうと企んでこう尋ねました。「**神は、ほんとうに言われたのですか**」(創世記三・一)。彼の名前は変わりましたが、神に対する疑いを起こさせるやり口は、アダムとエバの時代のままです。必要とあらば何でもします。人の心の中で神の言葉を密かに破壊し、捻じ曲げ、立ち向かわせ、疑いを起こさせ、混ぜ物をし、骨抜きにし、弱体化し、堕落させ、汚染し、感染させ、異論を唱え、混乱させます。

しかし私たちが信仰の盾の後ろで身を低くし、神の言葉や約束と異なるものを拒否するなら、悪しき者の火矢を消すことができるのです。悪巧(わるだく)みは暴かれます。敵の策略は破壊され、信仰による勝利は確かなものになるのです!

五. 救いのかぶと

ローマには、かぶと(ヘルメット)が二種類ありました。ひとつは革に金属板が縫い合わせてあるもので、もうひとつは戦士の頭の形に合わせて、金属を鋳造(ちゅうぞう)したものです。ブルータス・マキシマスというローマ兵の素晴らしい物語があります。ブルータスは鉄面で顔全体を覆い、猛烈な戦い方をしました。鉄面を自分の顔の形にはせず、ローマ皇帝シーザー・アウグストゥスの顔の形にしたのです。その鉄面は、ブルータスの顔や目を守ったばかりでなく、敵に対して「俺は皇帝の目線でお前たちを見ているのだ。この戦場では、俺は皇帝の代理として、皇帝の栄光のために戦うのだ」というメッセージをつき付けました。

霊的洞察

ネヘミヤ書で見たように、戦闘が白熱すると馬鹿げたことが起こることがあります。敵は、私たちの確信を揺るがし、巧妙に神との関係を悪化させるためなら、どんなことでも厭（いと）いません。しかし救いのかぶとをかぶっていれば、神の国の水辺のほとりで憩うような気分でいることができます。パウロは的をついてこう述べています。「**人のすべての考えにまさる神の平安が、あなたがたの心と思いをキリスト・イエスにあって守ってくれます**」（ピリピ四・7）。預言者イザヤはこう言いました。「**志の堅固な者を、あなたは全き平安のうちに守られます。その人があなたに信頼しているからです**」（イザヤ二六・3）。救いは私たちの努力ではなく、神の働きによるものであることを忘れるなら、霊の戦いの中ですぐに平安を失ってしまいます。救いが自分の努力によって獲得したものだとしたら、救いを保つための闘いも自分次第ということになってしまいます。しかし私たちは、救いの「ために」戦っているのではありません。救いの「ゆえに」戦っているのです。私たちのかぶとは、次の聖句のようにチタニウム製のシームレスヘルメットであるべきです。「**あなたがたは、恵みのゆえに、信仰によって救われたのです。それは、自分自身から出たことではなく、神からの賜物です。行いによるのではありません。だれも誇ることのないため**

です」（エペソ二・8～9）。

私のところに来て、もう救われている気がしなくなったと訴える人が山ほどいます。しかし救いは「気分」の問題ではありません。それはあなたが、もはや人間である気がしなくなったとしても、依然として人間であるのと同じことです。想像してみてください。誰かが医師のもとに行って、「先生、ぼくはもう、自分が人間だという気がしなくなりました」と言うのです。するとと先生が答えます。「ジョニー、じゃあ君は犬にでもなった気がするのかい。もしそうなら、君はもう犬なんじゃないか」

もちろん、こんな話は馬鹿げています。しかし多くのクリスチャンは、自分と神の関係の土台を、自分の気分に置いているのです。実に馬鹿げたことです。悪魔はこういった感情主義につけ込み、いつまでも回り続ける不安のメリーゴーランドに私たちを乗せるのです。私たちは自信をもってこのメリーゴーランドから退出しなければなりません。さもなければ私たちはめまいを起こし、方向感覚を失ってしまいます。私たちの確信は、神の贖いの力に根ざしていなければなりません。自分を救う自分の能力に頼ってはならないのです。

六．御霊の剣

剣は長さ四五㎝の鋭い両刃（もろは）のナイフで、取っ組み合いの接近戦で使われました。

霊的洞察

この箇所で「神のことば」と言われている御霊の剣は、聖書のことではありません。「神のことば」に当たるギリシャ語は、rhema／レーマといい、ギリシャ語学者の大半が、「神が息を吹きかけた（言葉）」という意味に解釈しています。もしパウロが聖書を指して御霊の剣と述べているのであれば、logos／ロゴスというギリシャ語を使ったはずです。私は次のように区別すべきだと思います。思いや意図を判別するために使う神のことばは、悪霊の攻撃から自分を守るために使う剣とは別のものだと。エペソ六・17は次のようにギリシャ語に置き換えて読むと、よりわかり易いかもしれません。「救いのかぶとをかぶり、また御霊の与える剣である、神のレーマを受け取りなさい。」更にヘブル四・12は「神のロゴスは生きていて、力があり、両刃の剣よりも鋭く、たましいと霊、関節と骨髄の分かれ目さえも刺し通し、心のいろいろな考えやはかりごとを判別することができます。」

ヘブル書の執筆者は、聖書は、心の様々な考えや意図を判別するための基準だと明言しています。しかしエペソ書では、パウロは別のポイントで語っています。聖霊の語り掛けに耳を傾け、聖霊が語ることを預言的に宣言しなさい。それが攻撃のための唯一の武器です、とパウロは言っているのです。このことについては、パウロがテモテに、「以前あなたに語られた預言を受け入れ、勇敢に戦うように」と勧めている箇所を学んだ際に先述しました（第一テモテ一・18参照）。

しかし御霊の剣が預言だけとは限りません。悪霊との戦いの中で神が語るあらゆる言葉が、御霊の剣に含まれます。例えば、激しい霊の戦いにあるとき、神がロゴス（聖句）を通して語り掛けてくるなら、その聖句はあなたにとってもはやレーマなのです。忘れてならないのは、この戦いで使われているのが御霊の剣だということです。つまり私たちにある唯一の攻撃の力は、聖霊のうちにあるということです。私たちを守り、慰め、教え、真理に導くのは聖霊なのです。私たちに向かって地獄の門が開け放たれるとき、私たちは神の御霊との関係を強めることによって、天を身近なものとしなければならないのです。

注1　クリス・バロトン著「Heavy Rain: Renew the Church, Transform the World」(Ventura, Calif.: Regal, 2010).

第九章　悪霊追い出し

　彼の名前はヘンリーと言います。ヘンリーは、私がカリフォルニアのウィーバービルで経営していた修理工場の清掃員でした。出会ったときは、彼はまだ一六歳くらいでした。森の中で育ったヘンリーは田舎くさい青年でした。一七五㎝くらいのノッポで、みすぼらしいブロンドの髪をしていました。とにかくしゃべることが好きで、話題がなくてもいつもしゃべっていました。ヘンリーは、お世辞にも賢いとは言いがたい青年でした。

　ある日、こんな出来事がありました。宅配が小包を七つ持って来て、私の机の上に置いていきました。私は小包を開け、梱包資材を分別しました。三〇分くらいしてからヘンリーが私のところにやって来て、いつものようにしゃべり始めました。私はクリーパーで車体の下にもぐっていたのでうわの空でヘンリーの相手をし、時々、相槌（あいづち）だけ打っていました。

しかしヘンリーが「このパフコーンどこで買ったんですか。ぜんぜん味がしないじゃないですか」と言うのを聞いて、私は「まさか！」と思いました。

車の下から出てみると、案の定ヘンリーは、梱包用の発泡緩衝材を食べていたのです。その後一週間余りヘンリーは姿を見せませんでした。父親が言うには、インフルエンザに罹(かか)ったとのことでした。

ヘンリーと出会って一年くらいしたとき、私は彼を信仰に導きました。少なくとも私はそう思っていました。しかしその後も、数年間ヘンリーは落ち着きませんでした。車の事故が五回、公共の泥酔で逮捕七回（米国では軽犯罪法違反になる州がある）、あれを壊した、これを割ってしまったなどなど、終わるところを知りませんでした。

しかしヘンリーのことを知るにつれ、彼の習性を理解できるようになりました。ヘンリーは幼少期から十代半ばまで、父親に性的虐待を受けていたのです。母親は知らぬふりをしていました。兄は酒乱で、酔うたびにヘンリーを殴りつけていました。妹はというと、ヘンリーのクローンのような状態でした。まるでアダムス・ファミリーを髣髴(ほうふつ)とさせる一家でした。私はヘンリーを弟子訓練しようと最善を尽くしました。しかし私も、彼ほどの問題児とは出会ったことがなかったのです。ヘンリーには同性愛の傾向があり、アルコール中毒、麻薬中毒、ポルノ中毒もありました。そしてもっと悪いことに、発作的に怒り出す習性があり、教会の駐車場で、神に対して卑猥(ひわい)な言葉を浴びせることがありました。私はまだ若く無知でしたので、どう対処したらいいかわかりませんでした。

そんなある日、最近、私が買い取ったガソリンスタンドにヘンリーがやって来ました。忙しい夏の日で、私たちは仕事に追われていました。ヘンリーはいつものように、店の奥にある修理スペースに向かいました。私がそこで車の修理をしているからです。

「ぼくのために祈ってください。中に何かいるんです。そいつがぼくを殺そうとしてるんです!」とヘンリーは言います。

「ヘンリー、今はダメだ!喉もとまで仕事に飲み込まれてるんだよ。出てってくれないか」と私。

「お願いです。ちょっとでいいから。」ヘンリーはうめくように言いました。

「わかったよ、ヘンリー。三〇秒だけだぞ、三〇秒。在庫置き場に行ってくれ。そこで祈るから。」

私は苛立ちを隠せませんでした。

私は「イエスの名によって平安がありますように。アーメン」と祈っておしまいにするつもりでした。二人で小さく狭い在庫置き場に入りました。ヘンリーが頭(こうべ)を垂れ、私は彼の胸に手を按(お)いて祈り始めました。

私が祈り終えようとすると、ヘンリーは腕を伸ばして私の喉を絞め始め、異様な声で「俺はお前を殺しに来たんだ。お前をあの世に送ってやる!」と叫びました。

私はやり返しました。「イエスの御名によってお前を叱りつける。イエスの血潮をお前に浴びせる。イエスの名によって殺人の霊よ、出て行け！」

何の変化もありません。逆にヘンリーはもっと凶暴になりました。私の体を揺さぶり、首を締め、噛み付き、引っ掻いてきました。まだ新しい私のユニホームを掴むと、上から下までほぼ真っ二つに引き裂きました。

息苦しくなってきたので、私は考えを変えました。私もヘンリーの首を絞め始めたのです。数分間、取っ組み合いが続き、私は何とかヘンリーを引き離そうとしました。私たちは、両側に棚が向き合っている狭いスペースになだれ込みました。棚には自動車用のフィルターが天井までうず高く積んでありましたが、棚が崩れてドミノのように二人の上に落ちてきました。私たちはエアフィルターやオイルフィルターに埋もれながら揉み合いました。ヘンリーに首を絞められていた私は、彼から逃れるため悪霊に向かって命じ続けました。

ヘンリーは前触れもなく突然私の首から手を離すと、山積みになったフィルターを掻き分けて立ち上がりました。「奴らは出てったぞ、解放された！」とため息をつくように言いました。

ヘンリーは私に礼を言うと、車に乗って立ち去りました。独り残された私は、顔も頭も埃だらけ。シャツはほぼ真っ二つに破れ、肩や顔、胸には酷い引っ掻き傷があり、手の甲には歯形がついていました。まるで「ランボー」の大詰めの場面のようでした。

残念なことに、ヘンリーの解放は長続きせず、二人の間で同じ戦いが何度も繰り返されました。私の悪霊追い出しのミニストリーは、使徒たちによる悪霊追い出しというよりは、スケワの息子たちのようでした（使徒一九・14〜16参照）。過去一〇年間に、ヘンリーのような人たちが何人も私のところに導かれてきました。中には、屈強な男たちが四人がかりで押さえつけなければならない、三二歳のビューティークイーンもいました。ミニストリーをするために彼女から手を放してもらったところ、彼女はジャンプして、私の胸に蹴りを入れてきました。お陰で右胸にあざができました。あとでわかったのですが、彼女は、なんと空手の女子世界選手権で、二度優勝していたのです。

またある時には、街を素っ裸で走り回っていたギャルに出会いました。私が彼女の家に到着すると、彼女は身動きできないようにシーツでくるまれていました。今回は御霊の思いを捉えているつもりだったので、「彼女を自由にしてくれ」と私は言いました。
「でもクリス、彼女は裸だし言うことも聞かないぞ」と周囲の人たちは反発しました。
「大丈夫、上手くやるから」と私は念を押しました。しかし一秒後、彼女は一糸まとわぬ姿で家の中を走り回っていたのです。私は叫びました。「捕まえて、大人しくさせてくれ！」

何年もの間、私の悪霊追い出しのやり方は、あの「エクソシスト」そのものでした。（実のところ映画の本編は観たことがありません。予告編だけでうんざりだったからです。）

かなり前のことですが、ミニストリースクールの授業で、私は悪霊追い出しの失敗談を話していました。馬鹿げた体験談をいくつか話したところで、ある生徒が爆発しました。彼は立ち上がり、私の話を遮(さえぎ)って叫び出しました。「私が悪霊どもに去れと命じれば、奴らは出て行きます！私は王なる方の子であり、奴らの悪ふざけには我慢できないからです。」

私はちょっと皮肉っぽく答えました。「すごいじゃないか。今までにどれくらい悪霊追い出しを経験したのかな。」

「三回です。」彼は自慢げに答えました。

「ビギナーズラックだな！」と私はあしらったのでした。

正しく行う

読者は、以前私自身が悪霊に憑かれていたのだから、悪霊追い出しのやり方を知っていて当然だと思うかもしれません。しかし実際は、確かに多くの悪霊追い出しをやっていたものの、最初の一二年間は完全に解放された人はほとんどいませんでした。確かに悪霊が一時的に出て行った事例はいくつかありましたが、すぐに元に戻ってしまうのでした。ウィーバービルという小さな町は、悪霊から解放されたクリスチャンたちのその後の状態を知るには格好の実験室でした。人口約三千人で、町の人たちと親しい付き合いができる環境でしたので、追い出しを受けた人たちとも付き合いを継続できたのです。そのため私たちは、解放された人たちが本当に変えられたかどうか、観察することができました。

恐ろしいことに、悪霊追い出しの名の下に、おかしなことが色々行われていました。私の考えでは、解放のミニストリーによるトラウマから解放される必要のある人の数は、実際に悪霊から解放された人の数よりも多いはずです。

間違いの事例をいくつか挙げたいと思います。最近私がオーストラリアに行ったときのことですが、ある男性に悪霊現象が起こりました。長老たちは大急ぎで手桶を持って来ると、悪霊憑きの男性に悪霊を「吐き出させ」ようとしたのです。また二〇〇九年、私はオランダで行われた集会に参加していました。ある男性が悪霊現象を起こして、椅子をほうり投げ始めました。リーダーたちが彼を取り囲み、悪霊を叱りつけ、イエスの血潮による守りを求めています。そのとき私は、ひとりの着飾った女性から、悪霊に憑かれた人に塩をかけたら悪霊は出て行くかと尋ねられました。どうしてそんなことを尋ねるのか聞いてみたところ、彼女の教会の牧師が（その牧師は、所属する教団の有力者だとのことです）、悪霊憑きの頭に塩をかければ、その人は悪霊の虐げから解放されると教会で教えているとのことでした。

その気になれば、悪霊追い出しに関する誤った馬鹿話で、この本の初めから終わりまで埋め尽くすことがでるでしょう。その中の多くは自分自身の話ですから。その中にはかなり笑える話もいくつかありますが、悲しいことに、悪霊に憑かれていた人たちに変化が起こらなかったばかりか、逆に悪化してしまったり、悪霊を追い出そうとした人の努力によってその人たちはトラウマを受けてしまった場合があります。

そのことを思うと、私は真剣に考えさせられました。どうすれば本当に解放されるのか、どうすれば解放された状態を維持できるのか。

捕らわれ人と囚人

長年にわたりその答えを追求してわかったことは、彼らが悪霊に縛られている理由を突き止めない限り、答えは出ないということです。イザヤはこう言っています。

神である主の霊が、わたしの上にある。主はわたしに油をそそぎ、貧しい者に良い知らせを伝え、心の傷ついた者をいやすために、わたしを遣わされた。捕らわれ人には解放を、囚人には釈放を告げ（るために。）（イザヤ六一・1　強調は著者）

預言者が、自由を奪われた二種類の人に言及していることに注目してください。「捕らわれ人と囚人」です。囚人とは犯罪者で、裁判官から実刑判決を受けた人です。霊的な囚人を解放するには、裁判官である神からの命令が必要です。捕らわれ人とは、嘘や偽装のゆえに収監された人です。この人たちが自由になるには、真理なるお方を知る必要があります。解放のミニストリーをするには、まず初めに、対象となる人が捕らわれ人なのか囚人なのかを判別しなければなりません。

両者について更に詳しく調べ、どうすれば捕らわれ人と囚人が解放され、自由を維持できるかを見つけましょう。まずは、マタイ一八・21～35でイエスが述べている囚人の境遇を調べることにしましょう。何度まで赦す必要があるのかというペテロの質問に答え、イエスは王と王国の例え話をしました。天の御国は、しもべたちと清算したいと願う王に例えられると、イエスは言いました。こんにちであれば、王に数億円の負債のあるしもべがいます。彼は王に憐れみを乞い、その負債を全額免除してもらいました。ところがそのしもべは、自分に負債のある仲間のしもべのところに行きます。仲間のしもべの負債は、王に対する自分の負債に比べたら数パーセント程度でした。しかし彼は、その負債をすぐに返すよう要求したのです。仲間のしもべが憐れみを乞うと、最初のしもべはそれを拒み、仲間のしべを投獄してしまいます。

それを知った王は激しく怒りました。「『**悪いやつだ。おまえがあんなに頼んだからこそ借金全**

部を赦してやったのだ。私がおまえをあわれんでやったように、おまえも仲間をあわれんでやるべきではないか。』こうして、主人は怒って、借金を全部返すまで、彼を獄吏に引き渡した。あなたがたもそれぞれ、心から兄弟を赦さないなら、天のわたしの父も、あなたがたに、このようになさるのです」(32〜35節)。

この例え話からはっきりわかるのは、神はご自分の民に、互いに赦し合うことを求めているということです。他人を憎み、復讐を企てながら生きている人が大勢います。しかし苦々しさには友情を築くことはできません。苦々しさは、私たちが最も愛する人たちに必ずばれてしまいます。神には対策委員会があり、彼らは私たちから苦々しさや憎しみを取り除くために強制執行を行うのですが、クリスチャンが赦すことを拒む場合、人を赦さないことにより私たちのたましいは収監され、悪霊に対して心の扉を開くことになるのです。

私の経験では、クリスチャンが悪霊の影響を受ける最大の理由は赦さないことです。囚人たちが解放されるには、彼らを傷つけ、虐待した者たちを囚人が赦したことを、最高裁の裁判官なるお方に納得していただかなければなりません。相手を赦すと王は勅令を出します。その勅令により、囚人たちから悪霊どもを追い出す権限が付与されるのです。王の勅令がなくても、私たちは囚人たちから一時的に悪霊を追い出すことができるかもしれません。しかし悪霊は戻ってきてしまうのです。

悪霊は、神の国の法律に従わなくてはなりません。彼らは誰かが罪の生活に陥り、悪霊に対してたましいに通じる足場を提供すると、彼らはすぐにそれを察知するのです。人を悪霊の力から解放し、自由の中に留まらせるには、御霊の力とイエス・キリストの権威が必要です。

囚人が解放される

私たちは、他人を赦すだけでなく、自分も赦さなければなりません。最近私は、ハワイでカンファランスをしたときにこの真理を痛感しました。私の担当のセッションが終わった後、若い女の子が二人、祈りを求めて私のところに来ました。この若い女性たちが悲惨な苦しみの中にいることは見て取れました。ひとりは祈りの順番待ちで、私の横のほうに立っていましたが、もうひとりは私の正面に立ち、自分自身を爪で引っかいていたのです。彼女のために祈り始めた私は、祈りだけではすまないことがすぐにわかりました。霊の戦いにはなるもの、キリストにあって授けられた全権により、すぐに片がつくと思っていました。

祈り始めると彼女が言いました。「出て行って欲しいんです。」

「何に出て行って欲しいの」と聞き返しました。

「罰にです！　私、自分に罰を与えることが止められないんです！」と言って泣き出しました。

これ以上自傷行為をさせないために、私は彼女の手を握りました。そしてこの心の痛みに対してどうアプローチすればいいか探りました。聖霊は、自分を愛するプロセスを彼女に通らせるよう促されました。そこで私は、私の後について祈りの言葉を繰り返させることにしました。

「私は私を愛しています。」

初めは、私の言葉が空しく繰り返されるだけでした。彼女は自分を愛していると言うことができず、私の前で振るえていました。しばらく空振りが続きましたが、彼女はようやく恥しさの壁を打ち破りました。「私は私を愛しています」と呟いたのです。

しばらくこの祈りを続けてから、自分に罰を与えるようになった理由を尋ねました。彼女が言うには、自分を愛してくれていると思っていた男性に身体を明け渡したそうです。しかしその直後、男性は去って行き、彼女に残ったのは、嘘つきに純潔を捧げてしまった恥ずかしさだけだったとのことです。騙されて純潔を失ったことの恥ずかしさに、彼女は耐え切れませんでした。自責の念が、悪夢のように絶え間なく彼女を痛めつけました。元カレのことを考えるたびに、怒りがこみ上げました。恥ずかしさから逃げることができず、彼女は自分を罰するために何人もの男と肉体関係を持ちました。自己嫌悪と自分を赦せない気持ちが常につきまといました。こうして彼女は、自責の念の囚人になったのです。

私は彼女に、自分を赦すことから始めさせました。自己破壊の思いは彼女のうちに深々と根を張っていました。十字架の贖いの一部始終を説明し、キリストが彼女の義となってくださったのは彼女が自分を赦すためだと諭しました。その後で、彼女の純潔を奪った男性をイエスがどのようにご覧になっているのか、自分でイエスに尋ねてみるように勧めました。（この勧めは、赦すことができない相手に対して、主にある憐れみを持たせるために有効な手段です。）イエスはその男性を愛しているけれども、彼の罪のゆえに深く嘆いていると彼女に示してくださいました。これにより彼女は、元カレに対する神の憐れみを感じることが出来るようになりました。イエスが悪霊を追い出してくださったので、ついに彼女は自分を罰する者との契約を破棄することができました。

驚いたことに、その夜やって来た二人の少女は、どちらも同じ問題を抱えていました。赦せない思いが二人の心を投獄し、罰する者が牢獄の番兵になっていたのです。二人は過去に対する後悔の念に縛られていましたが、その夜解放され、神は二人の心を癒してくださいました。

クリスチャンも悪霊に憑かれるのか

一章に書いた私自身の証は、クリスチャンでも悪霊に憑かれるのかという疑問を、多くの人に抱かせます。「憑かれる」に相当するギリシャ語はecho／エコーといい、悪霊と関連した文脈においては、「思いの所有権を持つ」あるいは「（人や物に）密着する」という意味で使われます。

エコーは、例えばルカ八・27のような箇所で使われています。

『イエスが陸に上がられると、この町の者で悪霊につかれている（エコー）男がイエスに出会った。彼は、長い間着物も着けず、家には住まないで、墓場に住んでいた。』

もちろんこの箇所は、男の思いや心の状態、行動が、彼にとり憑いていた悪霊に共鳴していた、という意味にも解釈できます。

新約聖書では、「虐げられている」に相当するギリシャ語が二種類使われています。ひとつはthrauo／スラウオーという言葉で、「粉々に砕く」という意味です。この言葉は、ルカ四・18でイエスの使命を説明するために使われています。

『わたしの上に主の御霊がおられる。主が、貧しい人々に福音を伝えるようにと、わたしに油をそそがれたのだから。主はわたしを遣わされた。捕らわれ人には赦免を、盲人には目の開かれることを告げるために。しいたげられている（スラウオー）人々を自由にし…』

「虐げられている」を意味するもうひとつのギリシャ語はkatadunasteuo／カタドゥナステュオーで、「（人に対して）権力を振るう」という意味です。これは使徒一〇・38で使われています。

『それは、ナザレのイエスのことです。神はこの方に聖霊と力を注がれました。このイエスは、神がともにおられたので、巡り歩いて良いわざをなし、また悪魔に制せられている（カタドゥナステゥオー）すべての者をいやされました。』

クリスチャンである私たちは、私たちの思いや行動を悪霊が支配するという意味においては、悪霊に憑かれることはあり得ません。なぜなら私たちがイエスを受け入れたとき、私たちの体は聖霊の宮になったからです。言い換えると、私たちはすでに神の所有物ですから、神以外、誰も私たちを所有できません。しかしクリスチャンであっても、悪霊の支配下に入ることによって虐げを受け、罪の生活を続けることによって人格が破壊されることはあり得ます。これについては前述したとおりです。

私たちが霊的な事柄について考える際、私たちの理解が、目に見える世界の自然の法則に縛られる傾向があることを考慮する必要があります。人は霊的な事柄について語るとき、受け入れ易く、見栄えのする、洗練された表現で説明する傾向があります。この傾向は、ギリシャ語やヘブル語で特定の言葉の意味を論じる場合においても同様です。原語で説明されれば知的で博識に感じるかもしれませんが、霊の世界というのはそうした明確でわかり易い言葉では説明しきれないものです。

悪霊や天使を体験したことのある人は誰しも、人間の言葉では霊的な世界を描写し切れないと断言するはずです。例えば、物理の法則のように、自然界の動きを予測可能にする原則はありません。もし誰かが屋根の上から飛び降りた場合、その人の運命は重力の法則によって決められます。しかし霊的な事柄は、自然科学の法則を凌駕（りょうが）した次元の話です。それゆえ悪霊による所有や虐げのような事柄を、言葉で説明するのは容易なことではありません。霊的な世界は、物理的に割り切れるものではないからです。

例えば、聖霊はすべてのクリスチャンのうちに同時に内住しています。そこで、「私たちの体は聖霊の宮です。それゆえ聖霊が私たちから離れ去っていくことは決してありません」と言った場合の詳細な意味合いは、家の中に住んでいる人がその家から決して離れない、ということとはまったく別の次元の話なのです。

私は、解放のミニストリーの中で起こる事柄が、物理的な法則とは異なっていることを、これまで目撃してきました。私は、人の体が、関節のないところで一八〇度曲がるのを自分のこの目で見たことがあるのです。誇張（こちょう）ではありません。この世的には説明がつかず理解に苦しんでしまう事柄が、霊的解放のセッションの最中に起こるのを私は見てきました。こういった霊的現象を経験したことのない方々にとって、こういう話は受け入れがたいことかもしれません。それでも本当のことなのです。

霊的な事柄を明確に説明するのが難しいもう一つの理由は、悪霊が無法者だからです。国家の法律を破るこの世の犯罪者と同じで、悪霊も神の霊的原則を破ることが多いのです。本章の後半で述べますが、解放のミニストリーの大半には、単純に神の原則を強要することによって、霊的治安を維持するという側面が含まれるのです。

交霊術

交霊術とは死者との会話による占いのことです。クリスチャンが新しい創造であることは、先述しました。洗礼によって私たちの古い人は葬られ、罪の性質はキリストと共に十字架につけられました。しかしクリスチャンの中には、死者（古い自分）との会話に執着する人がいます。死んだ人のお墓をうろついているその人たちは、どうやら過ぎ去った過去に囚われているようです。彼らはマリアに対する天使の言葉を忘れてしまったのです。「**あなたがたは、なぜ生きている方を死人の中で捜すのですか**」（ルカ二四・5）。この手のクリスチャンは、ラザロと同じように墓から出て来たにもかかわらず、古い肉という死に装束に縛られたままなのです（ヨハネ一一・44参照）。古い人の行いは、新しい人に悪霊の虐げをもたらすのです。使徒パウロは、ガラテヤ五・19〜21でこの墓荒しについて述べています。

肉の行いは明白であって、次のようなものです。不品行、汚れ、好色、偶像礼拝、**魔術**、敵意、争い、そねみ、憤り、党派心、分裂、分派、ねたみ、酩酊、遊興、そういった類のものです。前にもあらかじめ言ったように、私は今もあなたがたにあらかじめ言っておきます。こんなことを

している者たちが神の国を相続することはありません。（強調は著者）

罪がその人の人生に、魔術や占いを招き入れてしまうことに注目してください。サウル王とダビデの関係に、このことの最もわかり易い事例を見ることができます。イスラエル軍が史上最大の勝利を勝ち取って帰還してきます。彼らは大敵であるペリシテ人を打ち破りました。ダビデが巨人ゴリアテを殺したので、ペリシテ軍は敗走しました。勝利のイスラエル軍が帰還すると、女たちはエルサレムの通り沿いで歌と踊りで勇士たちを出迎えます。辺りはお祭り気分です。しかしそれも束の間、サウル王は、女たちがこう歌うのを耳にしました。**「サウルは千を打ち、ダビデは万を打った」**。（第一サムエル記一八・7）

恐れと妬（ねた）みがサウルの心に溢れました。サウルは怒って呟きます。**「ダビデには万を当て、私には千を当てた。彼にないのは王位だけだ」**（8節）。かつては謙遜を滲（にじ）ませた若者も、今では年老いた王です。恐れに苦しみ、悪霊に捕らえられてしまいました。以下は、落胆したサウル王に関するサムエルによる描写です。

その翌日、わざわいをもたらす、神の霊がサウルに激しく下り、彼は家の中で狂いわめいた。ダビデは、いつものように、琴を手にしてひいたが、サウルの手には槍（やり）があった。サウルはその槍を投げつけた。ダビデを壁に突き刺してやろう、と思ったからである。しかしダビデは二度も身をかわした。サウルはダビデを恐れた。主はダビデとともにおられ、サウルのところから去られたからである。（第一サムエル記一八・10〜12）

ガラテヤ五・21のパウロの言葉によれば、罪の生活をする人は神の国を相続できないのです。これはマタイ一八章の、イエスの例え話と類似しています。仲間を赦さなかったしもべが、獄吏によって投獄されてしまう箇所です。その箇所も妬みや恐れが、人生に苦しみをもたらすことを教えています。サウルの人生は、妬みが人の心を曇らせて現実を見えなくし、ついにはたましいをも虜(とりこ)にするという愚かな結末のまたとない見本です。

捕らわれ人が解放される

これまでに学んだことを振り返ると、悪霊に憑かれた人を解放するときは、まず初めにその人が縛られてしまった理由を突き止めなければなりません。その人が捕らわれ人なのか、囚人なのかを判別するのです。囚人とは、罪の生活を通して悪霊の虐げを自ら招いてしまった人です。悪霊は、囚人のたましいの中に、惨事を招き入れる足場があるのを見つけ出します。囚人が悔い改めない限り、これから逃れることはできません。囚人が悔い改めるなら、悪霊はその人を虐げる権限を失います。なぜなら罪の根源が処理されてしまったからです。ここまで来れば、解放のミニストリーの中で、「出て行け」と単純に命令するだけで悪霊は去り、その人は解放されるでしょう。

次に捕らわれ人の解放について見ることにしましょう。捕らわれ人とは、戦いの中で捕らえられ、捕虜にされた人たちです。この人たちは罪の生活を送っているわけではありません。偽りを信じ込んでしまい、それによって束縛されているのです。イエスは言われました。「**あなたがたは真理を知り、真理はあなたがたを自由にします**」(ヨハネ八・32)。この「真理」という言葉は、「現実」という意味です。かなり多くの人が、「仮想現実」の中に生きています。「仮想現実」とは、現実的な感じがするし、現実的に見えるけれども、そうではないことを意味します。それは丁度、幻影のようなものです。人は、悪魔が自分に罰を与えることを許します。なぜなら悪魔の偽りに真実性があると思うからです。その偽りのゆえに苦しみを受けている場合、偽りという鉄格子を破るための神の啓示が必要です。これから紹介する証によって、私の説明の要点がはっきりすると思います。

ある日私は、ベテル超自然ミニストリースクールの二階で講義をしていました。説教が途中くらいまで来たとき、誰かが緊急の伝言を伝えに来ました。急いで一緒に階段を降りていくと、カウンセリングルームに連れて行かれました。部屋の外に八人くらいの人がいて、熱心に祈っていました。ドアを開けて中に入ると、凄まじい光景が目に入りました。とても太った女性が床に突っ伏しており、彼女を押さえつけておくために、設備管理のスタッフでとても腕力のある兄弟が彼女の上に乗っていたのです。カウンセラーも二人、それぞれ彼女の両腕に脚を巻きつけて組み付いています。女性は彼らの靴に噛みつき、うなっていました。

私は思いの中で自問しました。「この女性が悪霊の侵入を許した理由は何だろう。彼女は囚人で、罪があるか、それとも憎しみを持っているのかもしれない。あるいは捕らわれ人で、偽りを信じているのだろうか。」

私は腰を下ろし、束縛に関する洞察を求めて聖霊に尋ねました。すると突然、聖霊の声が聞こえました。

「まだ幼い頃、彼女が聖霊を冒涜したので地獄行きになると彼女は告げられたのです。でも、それは偽りです。わたしは彼女を赦しています。」

私は身を屈め、彼女の耳もとで囁きました。「まだ小さかった頃、あなたが聖霊を冒涜したと悪魔は言いましたが、それは嘘です。あなたはそんことは一度もしていません。その嘘を捨て去りなさい。」

女性は急に落ち着きを取り戻し、笑い始めました。数秒後、彼女は完全に解放されました。真理を知ると、人は自由になるのです。

悪霊との契約を破棄する

ある日曜の早朝、賛美チームが私たちを聖霊旅行に誘ってくれました。最前列に座っていた私は強い促しを受け、会衆の間を歩いて彼らを祝福し始めました。礼拝堂は立ったまま賛美する人で一杯で、みな我を忘れて礼拝していました。私は群衆の間をゆっくりとあちらからこちらへと移動し、邪魔にならないよう配慮しながら、優しく会衆に触れ、祝福しました。半分くらいまで来たところで、目の前で礼拝していた老夫婦に意識が向きました。この夫婦は、三〇年余りの間この教会の会員なのです。私は二人の後ろから、軽く二人の肩に手を按きました。二人は、誰が触れているのか確かめようと私のほうに顔を向けました。互いの目が合い、微笑がこぼれます。二人はそのまま礼拝し続けました。

ところが奥さんのマーサに手を按いたとき、私は何か変な感じがしました。霊のうちに「自殺」という言葉が聞こえたのです。でもマーサが自殺を考えているとは、到底思えません。彼女は幸福な女性であり、賢明で献身的なクリスチャンとしての評判も得ていたからです。

私はダメもとで尋ねてみることにしました。彼女のほうに身を屈め、耳もとで囁きました。「マーサ、ひょっとして自殺を考えたりしていませんか。」

　彼女は大きく目を開いてうなずき、自殺の問題で闘っていることを認めました。彼女が私のほうに身を屈め、耳打ちしようとしたとき、しわの寄った頬に涙が伝いました。「もう二ヶ月近く、命を絶ったほうがいいのかしらと悩んでいるの。それまでは自殺なんて一度も考えたことなかったのよ。私は幸せだし、落ち着いた性格だもの。だから自分でもこんな恐ろしいことを考える理由がわからないのよ。」

　私は尋ねました。「マーサ、最近、何か辛いことでもあったのですか。それで、死んでしまえば、この苦しみもなくなると思ったのではありませんか。」

　彼女は目を丸くし、声のトーンを上げて言いました。「そう、そうなのよ。まさにそのとおりなの！　二ヶ月前から、孫のひとりと上手く行かなくなって。もう絶望的な状況で、心が痛んでどうしようもなくなったの。静かに死んでしまえば、すべて終わると思って…」

「その出来事の直後から、命を絶ってしまいたいと思い始めたのですか。」

「そうなの！」彼女は興奮して、小声で話すのを忘れていました。

　そこで私は説明しました。「マーサ、平安を得ようとして死を受け入れたとき、あなたは自殺の霊と契約を結んでしまったのです。悪魔の働きは、盗み、殺し、破壊することです。この三つの要素のどれか一つでも受け入れるなら、悪霊の虐げを招くことになるんです。」

マーサを慰めるために、私は彼女の背中に腕を回しました。マーサは私の肩に額を当て、穏やかに尋ねました。「どうすれば自由になれるのかしら。」

「私の後について祈ってください。イエスさま、悪魔と契約を交わし、自分の慰めのために、死を受け入れたことをお赦しください。私に聖霊をくださってありがとうございます。聖霊こそ私の慰めであり、友人です。」

マーサはこの祈りを繰り返しました。私は続けました。「自殺の霊よ。私はお前との契約を破棄する。私はもうお前を求めない。イエスの名によって命じる。今すぐ私から去れ！」

マーサも同じようにしました。数秒後、マーサは笑い始めました。「出て行ったわ」彼女はご主人に聞こえるほどの声で言いました。「本当に出て行ったのよ」

約一ヶ月後、私は教会でマーサと再会しました。彼女は私のところに来て、ハグしてくれました。「助けてくれてどうもありがとう。自殺の霊から解放されたわ。」マーサは興奮気味に言いました。彼女が自由のうちに留まっているかどうかを、わざわざ尋ねるまでもありませんでした。マーサの表情がすべてを語っていたからです。

罪の生活や偽りを信じることに加え、否定的な契約を結ぶことは、クリスチャンが悪霊の虐げを受け入れる最も一般的な方法です。悪魔の策略に乗ることによって心の問題を解決しようとするなら、神の守りから外れ、三つの要素に対して弱さを見せることになります。例話の中で述べたように、言葉に出して三つの要素を拒否し、契約を破棄することによって解放が訪れます。契約が破棄されれば、敵は正当な権利を失い、虐げることができなくなるのです。

権威

神がこの世界を創造したとき、神は人に「**地のすべてのもの…を支配するように**」命じ、地上を支配させました（創世記一・26）。先述したように、アダムとエバが罪を犯したとき、それは単に神に逆らっただけのことではありませんでした。蛇に従うことによって、主（あるじ）を交換したのです。地球はもはや、神のもとで人間の支配を受ける惑星ではなくなったのです。その代償としてアダムとエバは、悪魔に支配権を明け渡しました。イエスがサタンと戦うために荒野に導かれたとき、悪魔は言いました。「**この、国々のいっさいの権力と栄光とをあなたに差し上げましょう。それは私に任されているので、私がこれと思う人に差し上げるのです**」（ルカ四・6、強調は著者）。悪魔の言ったことは正しかったのです。アダムとエバは惑わされ、この世界の支配権を悪魔に明け渡したのです。

神が人類に地球の支配権を与えたのですから、人はそれを取り返さなければなりません。イエスが神に従い、人として十字架で死んだとき、イエスは支配権を悪魔から取り返しました。それゆえ復活した後、イエスはこう言ったのです。「わたしには天においても、地においても、**いっさいの権威が与えられています。**それゆえ、あなたがたは行って、あらゆる国の人々を弟子としなさい」（マタイ二八・18〜19、強調は著者）。イエスは、地を支配するという人間の使命を回復したのです。

「いっさいの権威」とイエスが言っていることは注目に値します。もしイエスが一切の権威を持っているなら、サタンには権威はまったくないということです！　それゆえ、あらゆる状況、あらゆる地理的場所、あらゆる問題に対するイエスの権威は、キリストにあって私たちの手中にあるのです。サタンが権威を持てる唯一の手段は、私たちがそれをサタンに明け渡す場合だけです。だからこそサタンは、偽りや罪、契約によって私たちが持つ権威を我ものにしようと懸命に働くのです。

しかしクリスチャンが悪魔に耳を傾けるのを拒否するなら、悪魔は神の目的のために使われる無力な所有物となります。エペソ四・27から、読者にこの言葉を贈ります。「悪魔に機会を与えないようにしなさい。」

第十章　世代の呪い

紀元前一四〇〇年頃、ヨシュアは神から約束の地の占領を命じられ、ヨルダン川を渡り、征服戦を始めました。ヨシュアは二重の城壁で守られた要塞都市エリコを、超自然的な方法で略奪します。その後、罪がもたらした敗戦から立ち直ったイスラエル軍は、アイを撃破します。イスラエル軍が次々に都市を攻略しているという噂は、カナン全土に広まり始めます。

ヨシュアがギブオン人の町に向かっているという情報が伝わると、彼らはおののきます。そこでギブオン人は、イスラエル人を騙して契約を結ばせるため、ある計略を企てました。ボロボロに擦り切れた服を着て、ヨレヨレのサンダルを履き、古くなったパンを持ち、ヨシュアに会うために出て行きました。ギブオン人の一行は、主の名声とイスラエルの民の偉大さを聞いたので、イスラエルに敬意を表すために、遠方の国からやって来たとヨシュアに言いました。もちろんこれは真っ赤な嘘でしたが、ヨシュアはそれに気づきませんでした。なぜなら、ギブオン人に関して神に尋ね求めるのを忘れたからです。彼らは目くらまし作戦によってヨシュアとイスラエルの長老たちを説得し、ギブオン人を生かしておく契約を結ばせました。三日後、ヨシュアは騙されたことに気づきます。イスラエルの民はギブオン人を滅ぼそうとしましたが、長老たちは、ギブオン人を殺さないという誓いを立てたことを民に説明するのでした（ヨシュア記九・3〜18参照）。

時は流れ、四〇〇年後のダビデ王朝です。深刻な飢饉がイスラエルの地を襲いました。ダビデはどうして良いかわからず、酷く取り乱します。三年後、ようやくダビデは、飢饉の理由について神に伺いを立てることにしました。（読者は、それだけ時間が立つ前に、なぜもっと早く主に伺いを立てなかったのかと思うでしょう。どうやら、当時の男たちも方向性を尋ねるのが好きではなかったようです。）主はダビデに答えて言われました。

「ダビデの時代に、三年間引き続いてききんがあった。そこでダビデが主のみこころを伺うと、主は仰せられた。「サウルとその一族に、血を流した罪がある。彼がギブオン人たちを殺したからだ。」そこで王はギブオン人たちを呼び出して、彼らに言った。―ギブオンの人たちはイスラエル人ではなく、エモリ人の生き残りであって、イスラエル人は、彼らと盟約を結んでいたのであるが、サウルが、イスラエルとユダの人々への熱心のあまり、彼らを打ち殺してしまおうとし

たのであった。（第二サムエル記二一・1〜2（強調は著者））

これまでの経緯を整理しましょう。ヨシュアは誤ってギブオン人と契約を結んでしまい、彼らが約束の地で生き残ることを容認してしまいます。それから約三七〇年後、サウル王は神の民への熱心から、ギブオン人たちを殺害します。後にサウルは戦いの中で倒れ、ダビデが王となりました。ダビデによる統治が長年続いた後、今回の飢饉が起こります。しかし飢饉が起きてしばらくした後、ダビデが神の導きを求めたところ、前世代において家系の呪いが生じていたことが判明したのです。言い換えると、三年間雨が降らず、作物が収穫できず、家畜は飢え死にし、イスラエルの景気が沈滞したすべての元凶は、唐の昔に死んでしまった王様が、生前ギブオン人を殺害したことにあったのです。それはヨシュアがヘマをして神に従い損ねたからであり、イスラエルとギブオン人の間で世代を超えて締結した契約を、サウルがギブオン人大虐殺によって破ったからでした。しかし彼らの罪の刈り取りをしたのは、ダビデでした。これが「世代の呪い」と呼ばれているものです。この呪いによって、こんにち多くの人が無意識のうちに影響を被(こうむ)っています。

私の体験

私が風呂に入っていたときに襲い掛かった悪夢の話に戻り、今まで話していなかった「続編」をお話しします。一章で、三年間続いたパニック発作に見舞われた話をしたのを覚えていますか。その発作は、「俺は死ぬ！」という強い予感を皮切りに起こりました。

神経衰弱になった三年目のある日、私はロサンゼルスのホテルにいました。ユニオン76というフランチャイズのガソリンスタンドを買い取ったときのことで、そのホテルで一週間ほど行われた親会社の研修に参加していたのです。それまで私は、一度も飛行機に乗ったことがありませんでしたが、もっと悪いことに、酷い閉所恐怖症だったのです。やっとの思いでロスの中心街にあるホテルに到着したときには、もう何かをする余力はまったくありませんでした。これからそのホテルの部屋で、孤独な一週間を過ごさなければなりません。私は、大都市に一人でいることを恐れました。死の霊との戦いの中にあった私を、その一週間は余計に恐れさせました。週の終わりも近づいていたある晩、霊の戦いの只中にあった私は、神に尋ねました。「どうしてこの死の霊は、選りに選って私のところにやって来たのでしょうか。」

主の声がすぐに聞こえてきました。「あなたの母親がまだ若かった頃、ある男性が彼女に恋をしました。その男性はあなたの母親を説得して、タロット占いをしたのです。嫉妬に駆られていた男性は、あなたの家族を呪い、あなたの父親を殺し、母親の将来を破壊したのです。」

　天地がひっくり返りました。夜の十二時を過ぎていましたが、母に電話しないことにはどうにも気持ちが納まりません。母は寝ぼけた様子で電話に出ましたが、私が主に語られたことを告げると、熱心に耳を傾けました。私は言いました。「お母さん、そういうことって本当にあったの？」

　母はしばらく何も言いませんでしたが、受話器の向こうですすり泣くのがわかりました。「お母さん、どうなの。」私は詰め寄りました。

　母は声を震わせながら答えました。「そのとおりよ。まだ私が十代だった頃、あなたのお父さんと付き合ってたの。ところがずっと年上の男の人が私を好きになったのよ。その人はあなたのお爺ちゃんのお友達で、お父さんに酷く嫉妬したの。ある日、その人が私の家にやって来て、将来を占わせてほしいと言ってきたの。私は若気の至りから、その人の本心を見抜けなかった。失礼な思いをさせたくなかったから、私は承諾したの。そしたら彼はタロットカードを取り出して、私の将来を占い始めてこう言ったの。『君は三度結婚することになる。最初の結婚は悲惨な終わり方をする。あとの二回は問題だらけの結婚になる。』」

　ここまで来ると、母は泣きじゃくり始めました。

「お母さん、その男は、単にお母さんの将来を占っただけじゃなく、将来を引き起こしたんだ！

わかる？　そいつはお母さんを呪って、自分の言ったとおりのことを悪霊に果たさせたんだ！」

母は「ええ、私も今はそう思ってるわ。」と言うと、さらに話を続けました。「アンダーソンダムであなたのお父さんが溺れ死ぬ半年前、お父さんは毎晩目を覚ましては、『俺は死ぬ、死んでしまう！　それがわかるんだ！』って言ってた。私はお父さんを何とかなだめようとしたけど駄目だったわ。お父さんは泳ぎがとても上手だったのに、それから何ヶ月かしたら溺れ死んでしまったの。」母は悪夢を再現するかのように話しました。

「お母さん。お母さんはその男にタロット占いをさせてしまったことを、神さまに悔い改める必要があるよ。確かにお母さんは何も知らなかったから許したんだろうけど、家系に破壊を呼び込むきっかけを与えてしまったんだから。死を恐れる呪いは、ぼくや子どもたちにも及んでいて、父さんだけでなく、ぼくまで殺そうとしてるんだ。」

その晩、母は罪を悔い改めました。また、占いの言葉を受け入れたことによって母は、その男性と契約を結んだ形になったので、その契約を破棄しました。その数ヵ月後、私はパニック発作から解放されたのですが、母の悔い改めが私の解放の霊的土台となっていたとは、知る由もありませんでした。

死の霊は、私の家系にとって手ごわい敵と言えるでしょう。息子のジェイソンと娘のエイミーも、この霊から厳しい攻撃を受けました。しかし母が悔い改めたとき、家系の呪いは断ち切られました。敵は、私たちを悩ませ、虐げる権利と足場を失ったのです。この状況をソロモンはこう表現しました。「**いわれのないのろいはやって来ない**」(箴言二六・2)。イエスは私たちの身代わりに呪いとなってくださり、十字架の上で死んでくださいました。それは、私たちをあらゆる呪いから解放するためだったのです(ガラテヤ三・13参照)。悪魔や悪霊たちは、もはやクリスチャンを苦しめる権利を持っていません。しかし彼らは、霊界の無法者です。権威の欠損を見つけるや否や、彼らはいつでもどこでも神の法律を破ります。ハリケーン・カトリーナに襲われ、街から警官がいなくなったニューオリンズ市で、何千もの略奪者が民家を荒らし回ったように、悪霊どもは真の霊的権威を持たない人々を違法に荒らすのです。無知なクリスチャンは、無力な文化を生み出します。その結果、野放しになった悪魔の攻撃を受けるのです。

ここで、力と権威の違いを説明しておきましょう。力と権威の両方を持つ人について説明するには、警官を例に挙げればちょうど良いと思います。銃は警官に力をもたらしますが、権威をもたらすのはバッジです。

力に相当するギリシャ語はdunamis／デュナミスといい、「奇跡的な力」を意味します。権威に相当するギリシャ語はexousia／エクソウシアといい、「行動権、管轄権、支配権、担当権」を意味します。イエスは言われました。「**確かに、わたしは、あなたがたに、蛇やさそりを踏みつけ、敵のあらゆる力**(デュナミス)**に打ち勝つ権威**(エクソウシア)**を授けたのです。だから、あなた**

がたに害を加えるものは何一つありません」(ルカ一〇・19)。また使徒一・8ではこう言われました。「聖霊があなたがたの上に臨まれるとき、あなたがたは力(デュナミス)を受けます。」

誤解しないでください。悪魔には、奇跡(偽のしるしと不思議)を行う力や能力はありますが、権威はありません。クリスチャンは悪霊の力を制する権威を持っているだけでなく、悪魔よりもずっと大きな力も持っているのです。悪霊がクリスチャンに対して力を行使するということは、神の所有物に不法侵入することになるのです。(もちろん、すでに説明したとおり、クリスチャンが自ら悪霊を招き入れるなら話は別です。)

一般的な呪いを断ち切る

一般的な呪いは、それを生み出した人が生存していて悔い改める意志がある場合、容易に断ち切ることができます。しかしあなたの家族や居住している都市や国が世代の呪いを受けているにもかかわらず、その呪いの元凶となった人がすでに死んでいたり、悔い改めの意志がない場合はどうすればよいのでしょうか。その答えは、「身代わりの悔い改め」です。身代わりの悔い改めは、世代の呪いを断ち切ります。ネヘミヤ時代のイスラエル人が、良い見本です。彼らは神殿を建設しましたが、三章で述べたとおり、エルサレムを取り囲む城壁や門は築けませんでした。自国の惨憺たる有様を耳にしたネヘミヤは、その状況は父祖たちの罪がもたらした呪いのせいであることに気づき、次のように祈りました。

私たちがあなたに対して犯した、イスラエル人の罪を告白しています。まことに、私も私の父の家も罪を犯しました。私たちは、あなたに対して非常に悪いことをして、あなたのしもべモーセにお命じになった命令も、おきても、定めも守りませんでした。しかしどうか、あなたのしもべモーセにお命じになったことばを、思い起こしてください。『あなたがたが不信の罪を犯すなら、わたしはあなたがたを諸国民の間に散らす。あなたがたがわたしに立ち返り、わたしの命令を守り行うなら、たとい、あなたがたのうちの散らされた者が天の果てにいても、わたしはそこから彼らを集め、わたしの名を住ませるためにわたしが選んだ場所に、彼らを連れて来る』と。

（ネヘミヤ記一・6〜9　強調は著者）

信じないかもしれませんが、ネヘミヤの祈りのキーワードは「私たち」です。罪を犯したのはネヘミヤではなく、父祖たちでした。しかしネヘミヤは彼らの罪の責任を負い、自分が悔い改めることによる益を、イスラエルの民に享受させたのです。父祖の罪を自分の罪として受け入れたので、ネヘミヤは罪を犯した当事者の立場で悔い改めることができました。

これと同じ原則が、贖いの原型にも採用されています。年ごとに一頭の子羊が家族全体ために捧げられました。使徒パウロはこの原則を新しい契約に当てはめて、次のように書きました。「**不信者の夫は（信者の）妻によってきよめられており、また、不信者の妻も（信者の）夫によってきよめられているからである。もしそうでなければ、あなたがたの子は汚れていることになるが、実際はきよいではないか。**」（第一コリント七・14、口語訳）。言い換えると、ひとりの信者の義なる立場には、その人の権威が及ぶ範囲にいる誰かに降りかかった呪いを、断ち切る力があるということです（三章を参照のこと）。もちろんこれは、誰かひとりがキリストを信じれば、その人の家族全員が救われるという意味ではありません。しかし信者となった人の権威の下に留まる限り、その人の家族は、呪いの代わりに神の国の祝福を体験するのです。

私は、人がキリストを受け入れるとき、あらゆる呪い（その元凶が何であれ）が自動的に断ち切られると個人的に信じています。クリスチャンは新しい創造であり、古いものは過ぎ去っています。私たちには新しい心と思いが与えられています。私たちはイエス・キリストという王の血筋を引いているのです。世代の罪も遺伝病も体系的な貧困も、王家に由来していません。しかし現実的には、無法者の悪霊どもが、私たちに霊的相続財産の恵みが注がれないよう妨害してきます。自らの権利を理解し、天の恵みを悪霊どもから守るか否かは、私たち次第です。悪魔が機会均等破壊者であることを忘れないでください。

子どもは戦士なり

イスラム教のテロリストは子どもたちに戦闘訓練をし、大義のために戦うよう教え込んでいます。同性愛者やポルノ愛好者は、子どもたちの心を虜にするために手の込んだ戦略を練っています。しかしどうしたわけか、クリスチャンの子どもたちを聖霊を受けた戦士として整える努力は、ほとんどなされていません。しかし武器庫に満載された霊の戦いの武器は、どの時代の子どもたちにも使用許可が与えられているのです。ソロモン王は次のように書きました。「**見よ。子どもたちは主の賜物、胎の実は報酬である。若い時の子らはまさに勇士の手にある矢のようだ**」（詩篇一二七・3～4、強調は著者）。子どもたちは戦士の手にある矢として生まれてきたのです。子どもたちは暗闇の勢力に深く突き刺さり、敵の心臓に強力な一撃を加えるのです。

往々にしてキリスト教系の学校は、悪魔の策略からは子どもたちを保護してくれる、居心地の良い避難所となっています。しかし本来は、矢を研ぎ澄まして敵の軍隊を破壊する、聖霊テロリスト訓練センターであるべきです。子どもたちにお子様ランチを提供するだけの時代は、もう終わったのではないでしょうか。幼少期から、彼らに悪の力と対決する英才教育を施すべきです。すべてのホームスクールの教師、すべてのミッションスクールの教師、またすべての親たちは、神の国のコンバット訓練の教官を務めるべきです。

悪霊どもが攻撃の手段を選ばないことは、誰の目にも明らかなはずですが、どういうわけかクリスチャンたちは、幼い子どもが敵の攻撃に遭うと驚いてしまうようです。こんにちほど、サタンが子どもたちを憎んでいる時代はありません。モーセが生まれたとき、悪魔はモーセを殺すために、同世代の赤ん坊を容赦なく抹殺しました。イエスが生まれたときも悪魔は同じことをしました。そしてこんにち、人類史上最大のホロコーストが、母親の胎の中で起きています。毎日、何千人もの胎児が無惨に堕胎されているのです。

ミーシャ

一〇年前のことですが、私は深い啓示を受け、敵が子どもたちに対して破壊的な計画を持っていることを知らされました。私の一番上の孫娘であるミーシャは、物心がついたときから天使を見るようになりました。初めは、天使を「鳥さんたち」と呼んでいました。ミーシャは少ない語彙を駆使して、天使が見えることを何ヶ月もの間、伝えようとしていたのです。当時はまだ二歳だったので、私たちは、ミーシャが天使を見たふりをしているのだろうと思っていました。ある朝のこと、ミーシャは母親と一緒にお風呂に入っていました。神の臨在が雲のようにバスルームに立ち込めました。ミーシャは湯船の中で立ち上がると、「鳥さんたちがいる。鳥さんたちがいる！」と叫びました。私たちは、ミーシャが寝室で天使と会話しているのを見かけることがよくありました。その様子は、まるで誰かが友だちと遊んでいるかのようでした。ミーシャが成長するにつれ、彼女の天使体験は激しさと興奮度を増すようになりました。

ミーシャが四歳くらいのときのことです。真夜中に突然目を覚まして、「天使たちが怖い！」と叫び出すようになりました。数週間連続で、同じことがひと晩に何度も起こりました。牧師をしている娘と義理の息子は、ミーシャの寝室に走って行きなだめようとしましたが、上手く行きませんでした。間もなく二人は、夜中の二時とか三時に、私を呼び出すようになりました。ある夜、私たちはすでに二度起こされ、娘と一緒に祈っていました。私は娘に、天使が何色をしてたかミーシャに尋ねてごらんと言いました。

「お父さん、ミーシャが言うには天使たちは黒かったそうよ！」

「ああ、それならそいつらは悪霊に違いない。悪霊に外に出て行けと命じるよう、ミーシャに言いなさい。」

数秒後、「おそとに行け！今すぐおそとに行け！」と叫ぶ、小さな声が聞こえてきました。

悪霊は去りましたが、次の夜また戻ってきました。夜中の三時、ジェイミーとマーティーはミーシャの叫び声で目を覚ましました。「おそとに出てけ、悪い天使め！今すぐ出てけ！」

二人がミーシャの部屋に走って行くと、ミーシャは真っ暗な部屋でベッドの上に立ち、外を指差し、厳しい声で悪霊に命令していました。二人が灯りを点けると、ミーシャは興奮気味に言いました。「黒い天使は、おそとに行かせたわ。」

この本を執筆している今、ミーシャは十二歳です。彼女はそれ以来、悪霊を恐れなくなりました。悪霊に出て行けと命令したあの夜以来、ミーシャはほとんど攻撃を受けなくなりました。

想像し難いかもしれませんが、悪霊たちは、大人よりも子どもたちを恐れていると、私は固く信じています。幼子のように純真な信仰には、神が尋常ではない方法で守ってくれる何かがあるのではないでしょうか。

第十一章　実地訓練

本章では、読者にちょっとした実地訓練をしてもらおうと思っています。それは主(おも)に、私が人々を悪霊から解放した経験に基づいています。九章と一〇章では、クリスチャンが悪霊による虐げを引き込んでしまう原則をいくつか学びましたが、本章では悪霊を追い出す際の注意事項について述べたいと思います。第一に、主を知らない人からは絶対に悪霊を追い出してはいけません。イエスを知らない人にミニストリーをする場合は、悪霊追い出しをする前にその人をキリストに導いてください。

ということは、悪霊追い出しの対象はクリスチャンだけ、ということになるのでしょうか。答えは「はい」でもあり、「いいえ」でもあります。イエスの言葉を引用して、私の意味するところを説明します。

汚れた霊が人から出て行って、水のない地をさまよいながら休み場を捜しますが、見つかりません。そこで、『出て来た自分の家に帰ろう』と言って、帰って見ると、家はあいていて、掃除してきちんとかたづいていました。そこで、出かけて行って、自分よりも悪いほかの霊を七つ連れて来て、みな入り込んでそこに住みつくのです。そうなると、その人の後の状態は、初めよりも更に悪くなります。邪悪なこの時代もまた、そういうことになるのです。（マタイ一二・43〜45）

この箇所で主がはっきりと述べていますが、悪霊を無理やり追い出した場合、その悪霊は、自分よりも邪悪な悪霊を連れて必ず戻って来ます。そして元いた人の中に、連れてきた悪霊と一緒に入り込むのです。一度出て行った悪霊は、元の住処（すみか）が空いていることに気づき、七つの悪霊と共に入り込みます。そしてその人の状態は、悪霊が一つだけだったときよりもずっと悪くなります。それゆえ聖霊を持たない人、あるいは持ちたがらない人から悪霊を追い出すことは、無責任であると共に危険なのです。多くの人は、クリスチャンから悪霊を追い出す、ということが信じられないようです。しかしはっきり述べておきますが、悪霊追い出しの対象と「すべき」なのはクリスチャンだけです。

読者が、悪霊に苦しめられている未信者にたまたま出逢ったとしましょう。あなたはどうすべきでしょうか。答えは簡単です。その人をキリストに導くのです。そして聖霊のバプテスマを受けさせてください。次に霊的なきよめを通らせてください。大抵の場合は、その人がイエスを受け入れると、自動的に苦しみも止んでしまうことに読者は気づくはずです。しかし、もし苦しみが続く場合は、その人に九章で学んだステップを踏ませてください。悪霊が出て行くように命じるのは、その後です。

悪霊が出るように命じた後は、その人は解放感と平安を感じるはずです。もしそうでない場合は、まだ悪霊が残っているということです。聖霊は、悪霊の要塞の土台となっている根本的な問題を示すのが得意です。その人に問題と向き合わせ、神に示してもらってください。その後でもう一度、悪霊が出て行くよう命じてください。雑草と同じで、根っこが断ち切られれば、植物全体が枯れます。その人が解放感と平安を感じるまで、このプロセスを続けてください。

この時点で、相手が解放されたかどうかを、あなたのほうでも判別することを相手に伝えておいてください。私の好きなやり方は、相手の目を見て、相手の心がきよくなっていることや、たましいが解放されていることを確認し、それを相手に伝えるという方法です。自分が解放されたことを相手に納得させた上で帰らせてあげてください。そのためにも、あなたが確認することには大きな意味があります。

また、一度出て行った悪霊が、仲間を連れて戻ってくる場合がよくあることを、相手に教えておくことも重要です。このことについて、心配する必要はありません。そのように教えておくことは、霊的きよめの一環だからです。主に留まり続けるよう、相手に指導してください。また、「悪霊が戻ってきてしまうなんて、自分はいったい何を仕出かしたのだろう」と悩まないよう伝えてください。自分のあら探しをするなら、悪魔の思う壺です。悪魔が「兄弟たちの告発者」と呼ばれているのには、それなりの理由があります。悪魔が戻ってきて再所有するのは、ごく普通のことだということ、つまり、解放されている状態はあくまで恵みであって、恵みなしでは弱い存在であることを、相手に納得せてください。

私の経験では、悪霊の出戻り現象は、通常、解放後、数ヶ月以内に三回から四回は起こります。普通はその後で、悪霊は完全に去って行きます。神の守りの御手が、どんな敵の力よりも強いことを忘れてはなりません。解放を受けた人には全員、ローマ八・37〜39のパウロの言葉を暗記させてください。

私たちは、私たちを愛してくださった方によって、これらすべてのことの中にあっても、圧倒的な勝利者となるのです。私はこう確信しています。死も、いのちも、御使いも、権威ある者も、今あるものも、後に来るものも、力ある者も、高さも、深さも、そのほかのどんな被造物も、私たちの主キリスト・イエスにある神の愛から私たちを引き離すことはできません。（ローマ八・37〜39）

悪霊を見分ける

「その人に憑いている悪霊がどういう悪霊か、どうすればわかりますか」と、尋ねてくる人が大勢います。悪霊の性質を識別する方法は二つあります。ひとつは、苦しみや束縛の現れ方です。例えばあのマーサのように、自殺の思いによって苦しんでいるなら、恐らくそれは自殺の霊です。もうひとつの方法は、霊を見分ける賜物を用いて突き止めることです（第一コリント一二・10参照）。霊の見分けの賜物とは聖霊の賜物のひとつで、恵みによって与えられるものです。努力して獲得することはできません。ひたすら求めるのみです。恵みの賜物は、クリスチャンなら誰でも受け取ることができます。

見分けの賜物は、人によって異なる働き方をします。一番一般的な現れは、何かを感じたり、何かが聞こえたり、臭いや味がするというものです。この種の現れは、悪霊に苦しめられている人が、私たちの助けを受けるべき範囲（メトロン）の中にいる場合のことです。見分けについて掘り下げる前に、メトロンという言葉と、（三章で簡単に触れた）権威の範囲について学んでおきましょう。この概念は、ギリシャ語の意味に由来するものです。初めにmetron／メトロンですが、意味は「寸法」または「基準」です。二番目はkanon／カノンで、意味は「範囲を司る」です。

どちらの言葉も、コリントの教会に対するパウロの勧めの中で使われていますので、じっくりと読んでください。

わたしたちは限度（メトロン）をこえて誇るようなことはしない。むしろ、神が割り当てて下さった地域（カノン）の限度（メトロン）内で誇るにすぎない。わたしはその限度（メトロン）にしたがって、あなたがたの所まで行ったのである。…わたしたちは限度（メトロン）をこえて、他人の働きを誇るようなことはしない。ただ、あなたがたの信仰が成長するにつれて、わたしたちの働きの範囲（カノン）があなたがたの中でますます大きくなることを望んでいる。

（第二コリント一〇・13・15口語訳、強調は著者）

簡単に言うと、パウロが述べているのはこういうことです。「コリント人は、神がパウロに与えた霊的権威の及ぶ範囲内にいる。」残念ながら、私が知る限りでは、この概念を表す用語を使っているのは、オカルトやニューエイジの信奉者だけです。彼らは、「オーラ」という言葉でこの概念を表現しています。彼らの間では、人の周りにはオーラがあり、それが周囲の雰囲気に影響を及ぼしていると考えられています。実のところ、この概念は聖書に由来するものです。人にはみなメトロン（割り当てられた空間）があり、その中で支配したり、影響を及ぼしたりしているのです。このメトロンの大きさは、神がその人に与えた霊的影響力によって決まります。メトロンが、特定の人だけに限られている場合もあれば、その人の権威が及ぶ領域と同じ広さの場合もあるでしょう。

例えば、お店に入った瞬間、強い疲労感を感じたことはありませんか。必要なものだけ買いサッサと店を出て、車に乗り込んで走り去ると元気になって疲れは飛んでいった、という体験です。この場合、その店の店主か所有者が、疲労あるいは衰弱の霊を持っていた可能性が高いと思います。イザヤ六一・3によれば、主は私たちに「**衰弱の霊に代えて賛美の外套**」を与えるとありますから（英語聖句直訳）。あらゆる権威は神から来るものですし、メトロンの大きさを決めるのも神ですから（ローマ一三・1、第二コリント一〇・13〜15参照）、店主あるいは所有者のメトロンの大きさは、その店ということになります。あなたがその店に入店したことは、その持ち主の権威の範囲内に入り込んだということであり、店主がその「空間」に招き入れた霊の支配を、あなたが感知したということになります。

個人的なレベルの話になりますが、あなたに見分けの賜物があり、そのあなたがポルノの霊に憑かれている人の隣に腰掛けた場合、あなたはポルノから来る思索や画像を思いの中に持つはずです。それはあなたが、その人の「空間」の中にいるからです。また、もしあなたが鬱の霊に憑かれている人に触れた場合は、あなたも間もなく鬱状態になるでしょう。はっきり言いますが、クリスチャンなら誰でも霊的なものの影響を受けます。それに気づくか気づかないかの違いがあるだけです。見分けの賜物は、人や場所に働いている霊の種類を識別する能力なのです。

カウンセリングの手段

私がベテル教会のスタッフになったばかりのときは、主な仕事はカウンセリングでした。相談事のある人が私のオフィスに来て、その理由を聞く前に、私はまずその人に按手して祈りました。知恵と洞察を求めて祈ったのですが、実を言うと、手で触れることによって、彼らの問題に悪霊が絡んでいるかどうかを見分けるためでした。手を按いても霊的な問題を感じなければ、その人の問題は純粋に人間的なもので、悪霊とは無関係です。逆に、もし怒りや殺意、憎しみ、恐れ、妄想など、何らかの否定的なものを感じた場合、その人の問題には悪霊が関係しており、カウンセリングだけでは解決しません。そういう場合は、悪霊がかかわることになった根本原因を取り扱った後、悪霊を追い出す必要があります。

このテーマについて考えるに当たり、はっきりさせておきますが、人は悪霊の働きがなくても、悲惨な状況に陥ることがあります。例えばポルノや憎しみ、鬱などは、必ずしも悪霊によるものではありません。多くの場合、それらの問題は本人の選択の結果なのです。しかしもし悪霊が、何らかの形で本人や状況、場所などに引き寄せられた場合は、話をするだけでは問題の解決にはならないのです。

しばらく前のことですが、私は教会で解放のミニストリーと、見分けの賜物について教えていました。講義の中で、相手が悪霊にやられているかどうかを見分けるために、按手することを話しました。講義が終わり、帰る人たちに挨拶しようと後ろの出口に立っていると、ほとんどの人たちが途中で向きを変えて、別の出口から出て行くのです。私は数分の間、この状況に戸惑っていました。しかし、ひとりの勇気ある人が私の立っている出口に来て、握手の手を差し出して声をかけてくれました。「先生、もし私の中に悪霊がいるのを感じたら、追い出してくださいね！」

私は、ようやく合点が行きました。彼らは、私が彼らに悪霊を感じるかもしれないと思い、別のドアから帰っていったのです。私は大笑いしてしまいました。今は配慮をもって講義することにしています。

躁鬱病（そううつびょう）？

悪霊を見分ける能力は、霊的解放に役立つ素晴らしい手段です。しかしこの武器の使い方を知らないと、とんでもない感覚に苦しむことになります。この賜物を持つクリスチャンの多くは、双極性感情障害（躁うつ病）と診断されるはずです。というのは、その人たちが、自分に見分けの賜物があることに気づいていないからです。そういう人たちは、自分が感じているのは感情の起伏だと思っていますが、実は自分のメトロンの中で、知らないうちに霊的な力を感じ取っているのです。

見分けの話をするに当たり、疑いについて読者に注意しておきたいと思います。疑い（〜に違いない、という憶測的な疑い）は、見分けの弊害とも言えるものです。疑いは、一見、見分けのように見えますが、似て非なるものであり、究極的には相手を束縛することになります。疑いは、恐れの霊が用いる（偽の）見分けの賜物です。例えば、サウル王が悪霊によって苦しむようになる前、聖書は「**サウルはダビデを疑いの目で見るようになった**」と言っています（第一サムエル記一八・9）。疑いは、苦々しさや赦せない心、苦しみをもたらします。また人を霊的な牢屋に閉じ込める、ダークサイドの産物です。疑いという牢屋の守衛は悪霊であり、病気、鬱、憎しみ、殺意といった異名を持っています。

過去数年間、私は「見分け」と称する疑いの働きを、数多く見てきました。それは、この人にはこれこれの悪霊がいる、という内容ですが、それだけでは終わらずに、相手の評判を悪化させるものでもありました。私がベテル教会のスタッフになったとき、教会内で「預言者」と呼ばれている人のひとりが「見分け」を行い、レディング市政府の中の、ある職員は魔術師だと言ったのです。その預言者は、この内容を「祈りの課題」として教会のリーダーたちに回しました。一年後、私は、魔術師と言われていた市の職員が、実は神を愛する敬虔なクリスチャンであることを知りました。しかしその時点では、例の教会員による「洞察」により、私はその人に対して偏見を持っていたため、その人から身を遠ざけてしまいました。「見分けの賜物」と称されていたものが、実は政治的に異なる立場から生じた疑いであると気づくまでに、多くの月日がかかってしまいました。

誰かに対する否定的な見解を強く持っている場合、自分の「見分けの賜物」に信頼してはいけません。ソロモンは、名声は多くの富に優ると言っています（箴言二二・1参照）。すべての御霊の賜物の目的は、信仰を建て上げ、互いに助け合って霊的に成長することです。御霊の賜物は、他人の名声を傷つけたり、神への情熱を冷ましたり、個性を消し去るために使ってはいけません。あなたの見分けが正しいと証明され、その人に悪霊が働いているとしても、その人が神の似姿に造られているがゆえに、名声は守られ、人格には常に敬意が払われるべきなのです。

恐るるものなし

誰かを悪霊の虐げから解放する場合、神には解放する力があることをあなたが固く信じていることが肝要です。もし解放のミニストリーの最中にあなたが恐れをなしてしまうなら、悪霊はあなたに不安があることを察知するでしょう。彼らはあなたに解放の信仰がないことを悟り、出て行くことを拒否します。悪霊に対する恐れを克服しようと、大声で悪霊に命じる人たちを、私は大勢見てきました。大声を出したところで、あなたの霊的権威が増すわけではありません。悪霊は、怒りや小細工、操作などには屈しません。悪霊が従うのは権威だけです。使徒の働きの中に、パウロの手ぬぐいが悪霊を追い出したという記事があります（使徒一九・11〜12参照）。そこには、誰かが叫んだとか、悪霊の名前を呼んだとか、劇的な状況があったとは書かれていません。ただ手ぬぐい、と書いてあるだけです。一般に言われていることとは裏腹に、出て行くときに大声で叫ぶのは悪霊のほうです（マルコ一・26参照）。

あるとき私は、教会の集会で、とても大柄な男性のために祈りました。私が彼の肩に手を置くや否や、奇妙な叫び声が聞こえてきました。「俺は何世代もここにいるんだ。出て行かないぞ！」

「お前がどれほど長くいようが関係ない。出て来い」と、私は静かに、しかし確信を持って言いました。

「嫌だ。出て行かない！」悪霊の声は大きくなりました。

「いいや、出て来るんだ」と私。

「お前を殺してやる！」と叫ぶと、男性は右手を振り回して私を殴ろうとしました。ところが彼の手は、私の顔から数ミリ手前で、不動の力により止められました。私は確信をもって男性の目を見つめ続けました。

彼は張り裂けんばかりの大声で、「お前を殺してやる！」と怒鳴りました。そして左手を後ろに引いて、強烈な一撃を私に見舞いました。「ブーン」という音を立てて、彼の拳(こぶし)から風が来るのを、私は顔で感じ取りました。しかしその拳は、目に見えない堅固な力で、とどめられたのです。これによって彼の中にいた悪霊は、怒り狂いました。

「今度は私の番だ。」私は彼の頭に手を按いて言いました。「神の炎よ、この男性の敵を焼き尽くせ！ファイアー、モア・ファイアー。この男性を炎で包め！」

大男は削岩機のように振動し始めました。四、五分間、私は彼の頭に手を按き、神の炎が彼のたましいを満たすよう、静かに祈り続けました。その間彼は、大声で叫びながら、文字通り上下に震動していました。

彼は断末魔の叫び声を上げました。「サタンよ、助けてくれ！お願いだ、サタン。俺を助けてくれ！」

「助けてなどもらえないぞ。今すぐ出て行け！」私は厳しい口調で言いました。

数秒後、悪霊は男性を床に倒し、去っていきました。男性は自由になりました。私たちは、悪霊が金輪際(こんりんざい)、戻ってこないよう、必要な処置を取りました。

解放のしるし

解放された人たちには、様々なしるしが表れます。悪霊から解放されることによる解放感は、悪霊が出て行く際の壮絶さに比例するわけではありません。事実、大抵の霊的解放は、それほど壮絶さを感じることなく起こるのが普通です。汚れた霊が出て行くのをほとんど感じない人もいるでしょうし、とてつもない霊的重圧が一気に消えうせ、これまでにない深い平安を感じるようになる人もいるでしょう。

いかなる解放のミニストリーにおいても、その人の尊厳を最優先すべきです。私は悪霊追い出しをする際、その人が安心感を持ち、丁重に扱われていると思えるように常に努めています。悪霊は目立ちたがり屋ですから、出て行くときは、できるだけ派手に振舞おうとしたがるものです。悪霊追い出しに携わる人が、悪霊に名前を尋ねたり、食べたものを吐かせたり、不安や壮絶さを煽(あお)るような行為をさせるなら、悪霊を図に載せるだけです。悪霊の名前を尋ねる必要のあるケースは、ほとんどありません。あなたがイエス・キリストなら話は別ですが、名前を聞かれたところで、悪霊どもはどうせ嘘をつくに決まっています。

悪霊追い出しをする際は、落ち着いて普通の口調で話し、自信を持って行ってください。悪霊は、その人に引き寄せられた根本原因が暴かれれば、出て行かざるを得なくなります。あなたには捕らわれ人を解放し、囚人を自由にする油注ぎがあることを忘れないでください。

主権と力

本書が主に視野に入れているのは個人的な霊の戦いですが、主権と力という霊的存在に関しても、ある程度、私見を述べておくべきだと感じています。これまで述べてきた内容に関しては、しっかりとした権威をもって書くことができたと感じています。というのは、自分の体験した事柄が、聖書によって裏付けられていたからです。しかしこれから述べることは、私の個人的な権威によって裏付けできる性質のものではありません。というのは、啓示の内容の大半が、主観的なものだからです。ですから今後の内容に関しては、読者のほうで詳しく調べ、吟味してください。それを踏まえた上で、いくつかの提案を読者に提示しようと思います。

先ほど学んだメトロンや権威の範囲というテーマに戻り、主権と力に対する霊の戦いについて、洞察を述べたいと思います。神の武具について学んだとき、「**私たちの格闘は血肉に対するものではなく、主権、力、この暗やみの世界の支配者たち、また、天にいるもろもろの悪霊に対するもの**」だという箇所を見ました（エペソ六・12）。「立つ」季節の中で直面する戦いは、普通の悪霊に対するものだけではありません。引用箇所をもう一度読んでください。私たちの戦いの相手は、「主権」「力」「暗やみの世界の支配者たち」そして「悪霊たち」です。

イエスが悪霊を追い出したとき、最初の悪霊よりも悪い七つの霊が戻ってこようとすると言っています。自然界と同様、悪霊の世界にも権威の階級があります。高位の悪霊は、「主権と力」と呼ばれます。パウロはこう述べています。

あなたがたは自分の罪過と罪との中に死んでいた者であって、そのころは、それらの罪の中にあってこの世の流れに従い、空中の権威を持つ支配者として今も不従順の子らの中に働いている霊に従って、歩んでいました。（エペソ二・1〜2）

パウロはローマ八・38〜39で、主権と力は、私たちを神の愛から引き離すことができないと述べています。この主権と力とは、大きなメトロンと活動範囲を持つ有力な悪霊たちのことです。パウロはエペソ書で、私たちが戦うべき主権には四つのタイプがあると言っています。それらは私たちにはあまり馴染みのない悪霊で、地理および人口統計上の地域を支配する、高位の悪霊です。言い換えると、彼らは都市や国家（国民）、産業（例えばポルノ業界のような）を支配したがっています。しかし彼らが権威を持つことができるのは、クリスチャンが彼らに権威を譲渡する場合のみです。例えば、イエスは諸国民を弟子とするよう命じました。主権が、ある国民に対する権威を手に入れるとしたら、その方法は、クリスチャンが神から受けたメトロンや権威を明け渡すという方法によるのです。

霊的大気汚染を撲滅する

イエスはゲネサレ地方で、次のような事態に遭遇しました。舟から上がると悪霊に憑かれた男性と出会い、「汚れた霊よ。この人から出て行け！」とイエスは言いました。そして悪霊の名を尋ねます。「おまえの名は何か。」すると男は答えます。「私の名はレギオンです。私たちは大ぜいですから。」そしてイエスに懇願します。「自分たちをこの地方から追い出さないでください。」（マルコ五・8～10参照）

恐らくこの男性は、その一帯を支配する主権に利用されていたのでしょう。主権はレギオンという名で、その地域を支配するために男性を本拠地としていたのです。地域全体で養豚をするという集団的な罪が、地域レベルで歴史的に支配されてきた要因になっていたと思われます。旧約の律法では、豚は汚れた動物と見なされていました。それゆえ養豚はタブーだったのです。単純に養豚そのものが原因でゲネサレ地方が、地域を支配する霊に縛られていたというよりも、御言葉を無視する住民の心の姿勢が、主権に対して支配の戸口を開く要因になったのでしょう。レギオンからの個人的な解放は、後に地域全体がキリストを受け入れるという結果に至ります。

エペソ六章にある神の武具のほとんどは、これらの高位の悪霊に対する防御のために用いられました。私たちは攻撃に対して「しっかりと立つ」よう指導されていますが、実際のところ、どうすれば主権をその権威の座から引き摺り下ろせるのでしょうか。ルカ一〇・17〜20にあるイエスの言葉から、答えを探りましょう。

さて、七十人が喜んで帰って来て、こう言った。「主よ。あなたの御名を使うと、悪霊どもでさえ、私たちに服従します。」イエスは言われた。「**わたしが見ていると、サタンが、いなずまのように天から落ちました。**確かに、わたしは、あなたがたに、蛇やさそりを踏みつけ、敵のあらゆる力に打ち勝つ権威を授けたのです。だから、あなたがたに害を加えるものは何一つありません。だがしかし、悪霊どもがあなたがたに服従するからといって、喜んではなりません。ただあなたがたの名が天に書きしるされていることを喜びなさい。」（強調は著者）

七〇人の弟子たちが悪霊を追い出したのは（地上にいた）人々からでしたが、イエスは、天から稲妻のようにサタンが落ちるのが見えたと言っています。一般的な見解とは逆で、稲妻は地面から上空に向かって走るものなのです。人々からの悪霊追い出しは地上で行われるものですが、地域を支配する霊に対する勝利は、霊的次元（天）で勝ち取られるのです。というのは、クリスチャンはみな、同時に二つの次元に存在しているからです。空中を支配している主権は、人間の中に基地を持っているのです。その人々が解放されると、その人たちの存在領域に自由が訪れ、「霊的大気汚染」は撲滅します。しかし私の経験から言うと、地域を支配する高位の悪霊が人間の中にいる場合の戦いは、「通常の悪霊」を追い出すのとは訳が違います。高位の悪霊の奴隷となっている人たちを解放するには、エペソ六・12に書かれているとおり格闘になる可能性があります。この種の悪霊追い出しは、格段の注意と忍耐、また持久力を要します。

サマリヤのリバイバル

ここで、医者ルカによるサマリヤリバイバルの記録を見ることにしましょう。本章での学びを更に深めるための糸口を発見できるはずです。伝道者ピリポは、神の国の福音を宣べ伝え、奇跡や悪霊追い出しを行いながらサマリヤに下っていきました。すると突然、シモンという魔術師と出くわします。左記はその場面です。

ところが、この町にシモンという人がいた。彼は以前からこの町で魔術を行って、サマリヤの人々を驚かし、自分は偉大な者だと話していた。小さな者から大きな者に至るまで、あらゆる人々が彼に関心を抱き、「この人こそ、大能と呼ばれる、神の力だ」と言っていた。人々が彼に関心を抱いたのは、長い間、その魔術に驚かされていたからである。しかし、ピリポが神の国とイエス・キリストの御名について宣べるのを信じた彼らは、男も女もバプテスマを受けた。シモン自身も信じて、バプテスマを受け、いつもピリポについていた。そして、しるしとすばらしい奇蹟が行われるのを見て、驚いていた。さて、エルサレムにいる使徒たちは、サマリヤの人々が神のことばを受け入れたと聞いて、ペテロとヨハネを彼らのところへ遣わした。ふたりは下って行って、人々が聖霊を受けるように祈った。（使徒八・9〜15）

サマリヤを統治していた主権が、魔術師シモンの中に宿っていた可能性はあるのでしょうか。シモンがキリストを受け入れ、サマリヤの人々が神の国を受け入れたことが使徒たちの耳に入ったとき、教会はペテロとヨハネをサマリヤに遣わしました。ピリポの伝道によって、神の力が悪霊の力と置き換わり、使徒ペテロとヨハネの権威によって、神の統治が主権の支配と入れ替わりました。

都市を支配していた主権が稲妻のように落ち、住民の心がその支配から解放されたなら、神の国の権威は主権を強制的に押しのけ、代わりにその座につかなければなりません。さもなければ、都市の状態は悪化してしまうのです。というのは、悪霊どもが執拗に権威の座を取り返そうとするからです。

イラク情勢は、この支配権争いの現代版といえます。自著「重たい雨」で解説したように、イラク戦争はこの原則に関して深い教訓を残してくれました。こんにちでも私たちは、凶悪な独裁者を置き換えることは、彼を取り除くことよりも遥かに困難であるという教訓を、厳しい現状を通して学ばされているのです。アメリカは開戦から三七日後、サダム・フセインを打倒し、合衆国海軍の空母アブラハム・リンカーンの甲板で勝利を宣言しました。しかし数百年間も独裁政治が続いていた国で民主的な政権を樹立するには、その後何年もの月日を費やし、多くの兵士の命を犠牲にしなければなりませんでした。テロリストたちがイラクの支配権を奪還するために、優位に戦っているからです。

このことは、霊的主権は霊的な方法で勝ち取らなければならないという原則を如実に物語っています。イエスが都市を支配する悪霊を叱りつけたことは、一度もありません。単に街から街へと旅をし、行く先々で人々を解放しただけです。人々は地上で自由を得ていましたが、サタンは、世間にほとんど知られることなく、稲妻のように落下していたのです！

第十二章　神への愛

自分自身が様々な苦しみを味わうと共に、多くの人を悪霊から解放したことによって私が確信していることは、すべての悪霊の働きを引き起こす根本的な原因は、神への愛が欠如していることにあるということです。イエスに愛されていた使徒と呼ばれるヨハネは言いました。「**愛には恐れがありません。全き愛は恐れを締め出します。なぜなら恐れには刑罰が伴っているからです。恐れる者の愛は、全きものとなっていないのです**」（第一ヨハネ四・18）。もし人が、父なる神が示した愛の大きさを知っており、その愛をたましいの奥底で受け止めたのであれば、悪霊によって虐げられ、苦しめられることなどないはずです。

偉大なる使徒パウロはそのことを次のように言いました。「**私はこう確信しています。死も、いのちも、御使いも、権威ある者（主権）も、今あるものも、後に来るものも、力ある者（力）も、**

高さも、深さも、そのほかのどんな被造物も、私たちの主キリスト・イエスにある神の愛から私たちを引き離すことはできません」（ローマ八・38～39、強調は著者）。

しかし現実は、多くのクリスチャンがこれらの聖句を異口同音に口にしているにもかかわらず、父なる神の愛を本当に意味で体験していないということです。

訳注・「権威ある者」「力ある者」は、エペソ六・12にある「主権」「力」と同じ。

私の体験

私の両親が恋に落ちたのは、父がアメリカン・フットボールのスタープレーヤーで、母が高校のチアリーダー部の部長をしていたときでした。二人の恋愛は、母が未婚のまま私を身籠るまでは、絵に描いたような恋愛物語でした。一九五〇年代の社会はこんにちとは違い、婚前交渉は恥と見なされていました。父と母は私が生まれる前に駆け落ちして結婚しましたが、母方の祖父は母の妊娠を知るや二人との縁を切りました。一年後、父は予告なしに祖父を訪れました。祖父は父を追い返そうと思っていましたが、父は間髪いれずに跪き（ひざまず）祖父の赦しを乞いました。ありがたいことに祖父はその朝、父を赦してくれました。その直後に災害が起こりましたが、祖父は私たちに日用必需品を送ってくれました。

二年後、父が釣りをしていたとき、突然大嵐が起こり、父の乗ったボートが転覆しました。父は一緒に乗っていた叔父を助け出して岸まで連れてゆくと、ボートを回収するために戻っていきました。しかし父が再び帰ってくることはありませんでした。一〇章で述べたとおり父は溺死したのです。一九五八年のその嵐の晩を皮切りに、私の人生は大きく変化しました。祖父は父の葬儀の場で、代わりに私たちを養うことを誓いました。

母はその後二度結婚しました。最初の継父との生活が始まったのは、私が五歳で妹が三歳のときでした。新しい継父は、私や妹が邪魔者であることをあからさまに態度に表しました。その上継父は酒乱で、酔うと暴力を振るいました。暴力と残虐さが私たちの人生につきまとうようになりました。私は幼年期の間はずっと、人目につかないように心がけていました。しかし継父は私たちだけでなく、亡くなった実の父をも毛嫌いしていました。継父は、私たちの記憶から、実父の想い出をなんとか消し去ろうとしていました。父の遺品はすべて壊され、父方の親戚と会うことも一切禁じられました。私が一三歳のとき、母はついにこの男と離婚しました。そして私が一五歳のとき、母は三度目の結婚をしました。しかし状況は好転せず、虐待が続きました。

祖父

二人の継父は私と顔を合わせることすらほとんどありませんでしたが、祖父は私をかわいがってくれました。祖父母は広々とした敷地内にボロ家を四軒持っており、父が死んだときは、私たちもそのうちの一軒に移り住みました。隣の家には祖父が住んでいました。その頃祖父は、高校の管理人の仕事をしていました。母がなんとか生計を立てようと仕事に出ている間、私は独りぼっちでした。毎日祖父が五三年型の黒いフォードに乗って仕事から帰ってくるのを、私は心待ちにしていました。駐車場に入ってくる古いフォードのエンジン音が聞こえてくると、いつも走って祖父を出迎えました。飛び上がりながら祖父の脚にしがみついたり、腕を引っ張ったりして、なんとか祖父の注意を引こうとしました。（私が父性愛に飢えていたことは想像に難しくないと思います。）

祖父は決して私を嫌がったり邪魔者扱いせず、私の角刈り頭を撫でては、「今日はどうしてたんだ。おたんちん」と尋ねるのでした。（「おたんちん」というのは、祖父が、お気に入りの相手を呼ぶときのあだ名でした。）私は祖父が帰宅すると、家の仕事をする祖父にずっとつきまとっていました。

祖父は大抵、野良仕事をして余暇を過ごしていました。そのため、分厚い手のひらにはたこができていました。祖父の手を握ると、まるで革の手袋をはめているかのように感じました。「おじいちゃん」は身長も横幅も一七五㎝くらいでした。これは太っていたという意味ではなく、がっしりしていたということです。体を揺らしながら、のしのし歩きました。そしていつも、着古したつなぎのボタンを、わざとはずしたままにしていました。それは非常に目立つ祖父の特徴ともいえるものでした。（祖母はいつも口うるさく注意していました。）というのは、祖父は下着をつけていなかったからです。

私が若かった頃、祖父は歯茎の病気になり、歯を全部抜くはめになりました。何らかの理由で、歯科医は四本だけ歯を残し、入れ歯をその周囲に取り付けしました。祖父は義歯が気に入らず、いつもつなぎの一番上のポケットに入れていました。そして何かを噛むときだけ、ポケットから取り出すことにしていました。祖父には犬歯の内側に唇を吸い込む癖があり、まるで牙が生えているように見えました。でもおじいちゃんは外見を気にしない人でした。おじいちゃんの価値基準は、勤勉さと正直さだったからです。

古くなった家の修理部品を買いに一緒に金物屋に行くことが、おじいちゃんと私の日課でした。私は家まで走って行き、ドアの外から顔だけ家の中に突っ込んで、「おじいちゃんと金物屋に行ってくる！」と叫ぶのでした。母はいつも「おじいちゃんにおねだりしちゃダメよ！　聞こえているの、クリストファー・ジョン」と言いました。（私の名前はクリストファーでもジョンでもありませんが、なぜか母は、何かを真剣に伝えたいときは、私のことをそう呼ぶのでした。）

「わかってるよ！」実を言うと、私にはおねだりする必要などありませんでした。買い物に行くときは、いつもおじいちゃんが何か買ってくれることになっていたからです。古いフォード車が車庫からゆっくりとバックしてくると、庭に出る手前で、私が助手席のドアをつかんで飛び乗るのがお決まりの乗せ方でした。それは、早く乗りなさい、時間を無駄にするな、という祖父の流儀だったのです。祖父は怠惰な人のことをぐうたらと呼びました。自分の価値観に基づき、祖父は社会の底辺にいる人のことをそう呼ぶのでした。

金物屋に行ったある日のこと、おじいちゃんが言いました。「先に行って好きなものを見ていていいぞ。水道の修理部品を買ったら、おじいちゃんがお前を見つけてやるから。」

工具の通路に歩いていった私は、グレーのペッグボードに掛かっているハンマーに心を奪われ、しばらくそこに突っ立って、工具を見つめていました。おじいちゃんが近づいてきて「おい、おたんちん。ハンマーがほしいのか」と尋ねました。「う〜ん、違うよ。いいんだ」と、私はしぶりながら言いました。「お母さんがおねだりするなと言ったからか。」おじいちゃんは少しムッとした表情です。「うん」私はおどおどしながら答えました。「いいから、好きなハンマーを選びなさい。」おじいちゃんはまるで誰がボスなのかを母に知らしめるつもりかのように言いました。

帰宅した私は家に駆け込んでいき、ブルーの握りの真新しいスタンレーハンマーを、自慢げに母に見せました。「見て。おじいちゃんが買ってくれたんだ！」ハンマーを掲げながら言いました。

「クリストファー・ジョン！おじいちゃんにおねだりしたのね。」厳しい口調で母が言います。「違うよ！　おじいちゃんが買ってくれたんだ、本当だよ。ぼくはおねだりしてない。嘘じゃないよ、ママ。　おねだりしてないよ」と本気で言いました。（今にして思えば、母は祖父が買い与えたことをわかっていたと思います。母は自分たちが貧乏で祖父の優しさに甘えていると思れたくなかったのだと思います。）

私は二日間にわたり、四軒の家にある釘という釘を見つけてはハンマーでたたきました。釘打ちに飽きると、私はゴーカートを作ることにしました。材木を探すためガレージをうろうろしていると、祖父の作業場の外壁が、板と板を斜めに重ね合わせて作ってあるのを思い出しました。真新しいスタンレーハンマーを手にした私は、金属の骨組みから外壁の板を背が届く限りはがし始めました。次にガレージに行き、芝刈り機の車輪をはずしたのです。午後の時間の大半を、板に釘を打ち込んでゴーカートの形を作り上げるのに費やしました。外形が出来上がると、細長い金具を何本かとり、タイヤの中心の穴に通して、それを私のレーシングカーに取り付けました。

母が仕事から帰ったときは、ちょうどレーシングカーを作り終えたときでした。車から降りた母は、当惑した面持ちで私を見つめます。まるで悠久の時が流れたかのように感じていると、母が恐る恐る尋ねました。「クリストファー・ジョン、その板はいったいどこで手に入れたの。」

私は作業場のほうを指差して、おどおどしながら答えました。「ガ・レー・ジ・から…。」骨組みだけになった壁面から日が射し込み、作業場全体を照らしていました。怒った母は私の首根っこをつかまえて怒鳴りました。「それで車輪はどこから取ったの！」

「芝・刈り・機・から…。」私はワーワー泣き出し、涙が頬を伝いました。「おじいちゃんカンカンに怒るわよ、わかってるわね。コテンパンに叱られるから。おじいちゃんが帰ってくるまで部屋に行ってなさい！」と母は叫びました。

約一時間後、五三年型フォードがガレージに入る音が聞こえました。大きな足音が私の部屋に近づいてくるのが聞こえると、心臓がドキドキし始めました。母は私の首をつかみ、おじいちゃんに会わせるために部屋から連れ出しました。母は力を込めて私の頭をつかんで言いました。「何をやらかしたか、おじいちゃんに言いなさい！」

恥ずかしかった私はうつむいて言いました。「ぼく、ゴーカートを作った。」おじいちゃんは、私が即行で作り上げたレーシングカーのところに行くと微笑みました。そして「カッコいいじゃないか。」とほめてくれたのです。そのあと、「材木はどこで手に入れたんだ」と言いました。

「そ、それは…ガレージ…なんだけど…。」作業場のほうを向いて答えました。おじいちゃんは、壁から日の光が射しているのを見て笑いました。「ほう、こりゃあ、ベニヤ板を買ってきて壁を塞(ふさ)がんといかんなぁ。ところで、車輪はどこから持ってきたんだ?」とニヤニヤしながら尋ねます。少しホッとした私は、ため息をついて言いました。「芝刈り機…。」

「さあ、車に乗りなさい。ほら、急げ、おたんちん。お前のレーシングカーにつけるアクセルと本物のタイヤを買いに行くぞ」と言うと、おじいちゃんは頭を振りながらくすくす笑いました。古いフォードに乗った私は、母に向かって振り向きました。母はあたかも「おじいちゃんたら、お前を叩けばいいのに甘やかして。この悪ガキめ！」と言わんばかりに私を睨んでいました。

私は、おおらかさによって信頼に応じるなら、人は変わることを祖父から学んだのでした。

農場での生活

数年後、祖父母はカリフォルニア州オークデールに農場を買いました。私の一〇代の夏は、毎年祖父母のところで生活し、農場の仕事をするのが恒例でした。おじいちゃんは果樹園にある丘の隣りに生えていた巨大なナラの木の内側に、素敵な木の家を作ってくれました。その家には屋根があり、丘に渡れるつり橋があり、なんとトイレらしきものまでついていたのです。ただ、誰かがうんちを流したときは、その下に行かないほうが身のためです。しかし私が知る限り、あの木の家ほど涼しいところはありませんでした。一年後のクリスマスのこと、おじいちゃんが新品のトレール・バイクを買ってくれました。ホンダ90の赤です。

祖父は町にあるハーシーチョコレートの工場で働いていました。仕事に出掛けるとき祖父は、家事手伝いがたくさん書かれたリストを私に残していきました。それを済ませてしまえば、私はバイクに乗り、農場をブラブラしてもいい事になっていました。ある日、家の仕事を済ませた後、私は木の家に行きました。そばに生えていた木が大きくなり過ぎて邪魔に感じたので、バイクで引き抜くことにしました。一二メートルくらいの鎖をその木に巻きつけ、鎖の端をオートバイに固定しました。「ブルーンブルーン」とエンジンをふかし、ギヤを入れて走り出しましたが、私はいつの間にかハンドルの上を飛び越え、泥の中に落ちていました。

この状況に腹を立てた私は、敵討ちでもするかのように木に歩み寄って言いました。「この木め、コケにする相手を間違えたようだな！くそったれ」と吐き出しながらバイクにまたがり、ホンダ90を全速力で走らせ、丘に登りました。作業場に行って鎖を探し出すと、それをたすきのように首から巻きつけ（そう、あのランボーのように）、木の家までバイクで戻りました。テコの原理を使って木を倒そうと考え、木の天辺までよじ登り、降りてきてバイクの車体に鎖をくくり付けました。できるだけ勢いをつけて木を引っ張るために、バイクを三〇メートルくらい後ろに下げました。私はバイクに飛び乗り、グリップをひねって思いっきりエンジンをふかしました。ギヤを一速、二速、三速と切り替えるにつれ、エンジン音は高鳴ります。四速まで来たとき、木の左側を通り過ぎました。ついに最高速度です。鎖がピンと張り詰め、地面に向かって木を引き倒そうとしました。するとその瞬間、まるで時が止まったかのようにホンダのバイクは前に進むのをやめ、私の体だけが遥か前方に飛んでいったのでした。私は背中から地面に落ちると、バイクが三〇メートルくらい空中に舞上がっているのが見えました。今でもその音を覚えています。「パチン！ ブーン！ ヒュー！」 バイクは跳ね上がり、丘の天辺に着地しました。

頭に血が上って正気を失った私は、木に向かって「降りて来い！」と叫びました。私は丘の上までドカドカ歩いてゆき、祖父のトラクターのエンジンをかけ、丘をはしる泥道を木の家まで下りました。（祖父の同伴なしではトラクターは使えないことになっていましたが、この緊急の必要を祖父はわかってくれるはずだと思いました。大胆にも私の木の家を侵略する柳の木を放っておいたのでは、バロトンの名が廃ります。）私はトラクターのフロントフォークが木を挟み込む位置にトラクターを停めました（訳注）。そして木に鎖を巻きつけ、フロントフォークに固定しました。トラクターに飛び乗ってアクセルを踏み込むと、エンジンの回転数が上がるにつれ、泥除けや運転席の屋根が激しく振動しました。私は油圧装置のレバーを引いて、フロントフォークを上に上げました。鎖はきつく引き締まりましたが木はビクともしません。すると突然、目を疑うような惨事が起きたのです。フロントフォークが地面に向かってぐにゃりと曲がってしまったのです！

訳注・アメリカの農業用トラクターには、ブルドーザーのように車体の前方で稼動するアームがついており、アームの先端にはフォークリフトのような二本のフロントフォークがついている。

間もなく私は正気に返りました。鎖をはずして、トラクターをゆっくり丘の上までバックさせ、納屋の中に駐車しました。「おじいちゃんに殺されちゃう！ 俺はなんて間抜けなんだ！ おじいちゃんに殺されちゃうよ！　もうおしまいだ！」と独り言を繰り返しました。

　おじいちゃんがハーシーから帰るのを待つ間は、数分が数時間のように思えました。ついにフォードが農場に近づく音が聞こえました。車のエンジン音が止まると、私の顔からは汗が噴出しました。おじいちゃんは車から降り、ドカドカとこちらに歩いてきます。

「調子はいかがかな、おたんちん」おじいちゃんがからかいます。

「う〜ん、まあまあかな」平静をよそおう私。

「家の仕事は全部できたか」と探りを入れるおじいちゃん。

「うん、終わったよ。なんとかね」と引きつる私。

「どうしたんだ、クリス。どこか調子でも悪いのか。」

「そ、そんなことないよ。大丈夫…。でも、ほんとは、ひどいヘマをしでかしたんだ！」

　おじいちゃんはまるで「何をやったんだ！」と問い詰めるかのように頭を傾けます。私は手招きをして、おじいちゃんを納屋のほうに誘いました。作業場にはフロントフォークがぐにゃりと曲がったトラクターがあります。おじいちゃんはゆっくりとトラクターの前に歩いていき、注意深く損傷具合を調べました。二人の視線が合うと、私の心臓は胸の中で高鳴りました。

「おたんちん。トラクターのフォークはどうして曲がったんだ」おじいちゃんは淡々と尋ねました。

　私は、木を引き抜くべく繰り広げられた戦闘について説明しました。それを聞くとおじいちゃんは微笑みました。

「ずっと前から、お前にたいまつの使い方を教えてやろうと思っていたんだが、いい機会だから教えてやろう。たいまつを持ってきなさい。こいつを直そう。」そう言うと、おじいちゃんはニヤリと笑って後ろを向きました。

私は祖父から、愛は多くの罪を覆うこと、そして祖父にとって私は、モノよりも大切な存在であることを学んだのでした。

おんぼろトラック

祖父母はスペインからの移民です。スペイン系の家庭では、年寄りは常に敬われる存在です。感謝祭やクリスマスといった大切な祝日には、必ず家族全員が敬意を払うために年寄りのもとに集まります。もちろん、祖母は料理をたくさん用意して、訪れた者たちをもてなします。

私が一五歳で、祖父の農場で暮らしていたとき、感謝祭を祝うために一族が集まりました。彼らはクリスチャンではありませんから、みんな酔っ払ってドンちゃん騒ぎをしました。私には十代の従姉妹が七人いましたが、彼女たちも両親と一緒に来ていました。祖父は一九五〇年製のドッヂ二トン平台型トラックのキーを、私のところに持ってきて言いました。「お前の従姉妹たちを平台トラックに乗せて、果樹園を案内してやりなさい。」

「わかった！」私は了解しました。

いかにも都会育ちの学生という感じの従姉妹たちは、全員トラックの荷台に飛び乗りました。

「つかまって！」私は得意げに言いました。

女の子たちを乗せた錆だらけのトラックが、果樹園を突っ走ります。ガタガタ音を立てながら果樹園を走ると、トラックは埃だらけになりました。すると突然、トラックはぬかるみにはまり、動けなくなりました。

「お姫様たち、トラックを押してくれないか。」

「信じられない！私、泥だけになりたくない」と、ひとりが言い出すと、

「私も」残りの娘たちも嫌がります。

「頼むよー。ちょっとだけでいいからさ！君たちなら大丈夫だよ」

ぶつぶつ言いながら、従姉妹たちは荷台から降りて押し始めました。私はエンジンの回転数を上げ、クラッチを入れました。古びたドッヂトラックが少しずつ前に動き、ようやくぬかるみから抜け出ようとしたとき、後輪のダブルタイヤが高さ六メートルの波しぶきをたてました。それをかぶった従姉妹たちは泥まみれです。

「さあ、乗って！」私は独り笑いしながら叫びました。

女の子たちはわめいたり、叫んだりしながら、動き出したトラックを追い駆けます。

再び埃まみれになりながら、トラックは果樹園を突進します。一八〇センチほどの峰を上がると、細い田舎道に出ました。一五メートル下には曲がりくねった川が流れています。ギヤを変えずにふかしたので、フラットヘッドのV８エンジンは悲鳴を上げました。スピードがどんどん上がるにつれ、車体は激しく振動します。砂利道のくぼみや裂け目をかわしながらおんぼろトラックを走らせるため、私は巨大なハンドルと格闘しました。ルームミラーを覗くと、従姉妹たちは必死になって荷台のサイドレールにつかまっていました。そのとき五〇メートルくらいにわたって道路が流失しているのが目に入りました。急ブレーキをかけるとトラックはスリップし、崖っぷちで止まりました。女の子たちは鈍い音をたてて運転台の裏側にぶつかりました。道の片側には川、反対側には崖で、ユーターンできません。バックで果樹園まで四、五キロ戻らなければならないようです。

「ドアを開けて、そっち側にある崖に落ちないように見ててくれ」と、助手席に乗っていた従姉妹のデニスに頼みました。

荷台に乗っていた女の子たちは、「停めて！　私たちをトラックから降ろしてよ！　歩いていくから！」と叫んでいました。

私は彼女たちの嘆願を聞き流し、後ろ向きになって後部窓を覗き込みました。エンジンをふかして、無理やりシフトレバーを逆回転に入れました。ギヤは空回りしていましたが、「グルルル、バーン！」という音とともに、ようやくトランスミッションが噛み合い、おんぼろトラックは後ろにグイッと動きました。全速力で後ろに走り出すと、トラックはきしむような音を立てました。するとその瞬間、「ガラガラ、バリバリ、バターン！」という大きな音。助手席のほうを見ると、トラックのドアが太い木に当たって裂けるのが見えます。急ブレーキをかけ、トラックは横滑りして止まりましたが、時既に遅し。損傷は避けられませんでした。ドアは半分に折れ曲がり、下側の蝶つがいだけでなんとかぶら下がっている状態でした。

恐れをなしたデニスは叫び出しました。「この間抜け！何やってんのよ！おじいちゃんに殺されるわよ！」他の従姉妹たちも、クソッタレー！と私を罵ります。

こっそり農場に戻ると、パーティーは最高潮です。トラックは家から離れたところに停めました。

私は、「ぼくらがトラックを壊したことは、誰にも言うなよ」とみんなに口止めしました。「ぼくらですってぇ。何言ってんのよ。トラックを壊したのは、あんたでしょ！」と、従姉妹たちは反発するのでした。

彼女たちは泥まみれのまま家に向かって走り出し、こう叫びました。「クリスがトラックぶつけちゃった！クリスがトラック壊しちゃった！」

叔父が二人、慌てて出てきました。助手席のドアをじろじろ見ていた二人は、私のほうに向かって歩きながら大声でわめきます。「今度は何をやってくれたんだ。お前、馬鹿じゃないのか。あの娘たちを殺すところだったんだぞ!」(一方、従姉妹たちは裏のほうでくすくす笑っていました。)

ちょうどそのとき、祖父がドカドカと歩いてきて様子を尋ねました。「スパーキー(祖父のニックネーム)、このまぬけが農場のトラックをぶつけて、うちの娘たちを殺すところだったんですよ!」叔父たちは言いました。

祖父は、まるで私に「お前は何も言うな。わしが何とかするから」とでも言うかのように、こちらを見ました。祖父がトラックの壊れ具合を見ている間、私は涙を堪え、黙って立っていました。「なんだ、ドアだけじゃないか。ちょうどこの古くなったドアをはずしてしまおうと思っていたところだったんだ。でも手が回らなくてなあ。ドアを開け閉めするのは、時間の無駄だからなあ!クリスや、工具を持ってきて両方ともはずしてしまいなさい。」おじいちゃんはウインクをしながらそう言いました。

腹を立てたのは叔父たちです!祖父がうんざりするまで、怒鳴ったり叫んだりしていました。祖父は二人をさえぎって言いました。「クリスにはやることがあるんだから、放っておきなさい!」

祖父は亡くなる数ヶ月前まで無神論者でしたが、この世の誰よりも神の愛について教えてくれました。私がへまをやらかしても、私をかわいがってくれました。私は、祖父が私よりも規則を優先したと感じたことは一度もありません。祖父はしょっちゅう私に注意しましたが、罰を与えたことは一度もありませんでした。実際のところ、祖父はキリストに出会う前から、どんなクリスチャンよりも愛について深く知っていたと、私は思っています。無条件に私を愛してくれた祖父のお陰で、私は変えられました。苦労の多い思春期を過ごした私が、麻薬やアルコールに向かわなくて済んだのは、祖父から「愛されている実感」を受け取ることができたお陰なのです。

犠牲と情熱

愛を装うものはたくさんありますが、本物に比べたら安っぽいイミテーションに過ぎません。再生品というのは、外見上は立派に見えることがよくありますが、結果的には空しさや束縛の深みに行き着くのです。私たちが恐れのかせを打ち砕き、恵みと憐れみを習得したとき、はじめて真の自由が訪れます。私は、叔父たちが正当な動機で私を罰しようとしたのを知っています。しかし過ちを犯したからといって人を罰するなら、悪霊の虐げを招く自己破壊を生み出すことになります。

その反面、真の愛は恐れを根絶し、罰に対する予防接種の役割を果たします。この章の冒頭で引用した、ヨハネの言葉を覚えていますか。彼は、まったき愛は恐れを締め出すと記しました。

なぜなら恐れは罰を含んでいるからです。だからこそ福音全体が、神を愛し、人を愛することに要約できるのです。

偽りの愛にはいろいろな顔がありますが、一番一般的な別名は犠牲です。聖書は言います。「**たとい私が持っている物の全部を貧しい人たちに分け与え、また私のからだを焼かれるために渡しても、愛がなければ、何の役にも立ちません**」（第一コリント一三・3）。愛していなくても、犠牲は払えるのです！　愛と犠牲をはき違えている人が大勢います。そういう人たちは、自制する項目が多かったり、神のために労苦して奉仕してさえいれば、霊性が深いと思っているのです。犠牲を払えばイエスの好意を得られると、勘違いしているのです。

昔の話ですが、私がこのことを痛感させられた出来事がありました。それは仲のいい友人であったジョンの、霊的な体験を通してです。ジョンは自分を押し殺して、祈りと礼拝に多くの時間を捧げていました。目標の時間数を達成できないと、ジョンは罪責感を感じ、何時間も悔い改めるのです。ついに神がジョンの努力に、愛想をつかす日がやって来しました。神は言われました。

「ジョン、わたしはあなたの習慣ではなくて友人になりたいのだ！」

祖父は理由なしに私を愛してくれました。義務でもなければ、習慣でもありません。ありのままの愛です。祖父の愛情には無理がありませんでした。偽りもありませんでした。そして本物であることを証明する必要もありませんでした。ただひたすら愛してくれたのです。私のために木の家を作り、色々な手助けをしてくれましたが、正直なところ私が一番よく覚えているのは、私を信じてくれたこと、そして私に対して情熱を傾けてくれたことです。この世は愛と情欲をすり替えているので、「情熱」などという言葉を使うとポルノや性的倒錯に結び付けられることはわかっています。しかし真の愛情は、本当の意味で情熱を燃やすものです。それが熱心さや熱意や興奮という形で現れます。

イエスの口づけによって、教会が目を覚ます時が来ました！うわべだけで中身がなく、哲学のように理屈っぽく、知的で理性的なキリスト教はもうたくさんです。必要なのは、リスクを恐れず、心から神と人を愛することです。ハイディーとローランド・ベーカー夫妻は、贅沢な暮らしを放棄しアフリカのジャングルにいる子どもたちの世話をしています。ハイディーは博士号を持っており、ローランドは天才的な知能指数の持ち主です。この夫婦のことを良く知らない人たちは、二人が払っている犠牲に関する話ばかりします。確かに二人は、神のために人生を捧げています。

しかし二人は、単にイエスのために苦しもうとしてアフリカに行ったわけではありません。この夫婦は私の親しい友人で、彼らの働きについて何時間も話し合ったことがあります。二人は貧民伝道やアフリカの変革の話になると目を輝かせ、声のトーンが上がります。荒々しい川の流れのように、二人の内側から興奮があふれ出すのです。私の祖父と同じように、二人も人を愛しているからです！ 彼らは、神によって特定の地域を勝ち取ろうとしているわけではありません。多くの人を感動させようとしているのでもありません。ただじっとしていることができないのです。それは二人が、情熱で満ちているからです。彼らから、情熱がにじみ出て来るのです。(情熱は、愛のない人たちの目には犠牲のように映るものです。)

情熱が人を捕えると、その人の心はきよくなり、いのちで満たされます。たとえ七つの悪霊が、いえ七〇の悪霊が戻ってきて住み着こうとしても関係ありません。情熱で満ちた人の心には、そんな隙間はないからです。その人は力で満ちています。その力が壁のひび割れたところから染み出てくるほどにです。情熱は、犠牲が死に絶えてしまうようなところでも人にいのちをもたらします。

情熱の話で思い出しました。キャシーと私が出会ったとき、私たちはまだ子どもでしたが、私は彼女と結婚しようと心に決めました。先述したとおり、私とキャシーの家は五〇キロ近く離れていました。私の小さなホンダのバイクでは、高速を走れませんでしたから、一時間半掛けて下の道を通って会いに行きました。雨が降ろうと、凍えるほど寒かろうと関係ありませんでした。私の「愛しい人(ベイビー)」に会いに行くのですから。彼女の家に到着したときには、下着まで雨でびしょぬれになり、顔は青ざめ、両手はかじかんでいることが度々ありました。それでも五年間デートし続け、一度も週末を逃したことはありません。

私は誰からも、「クリス、この女性を本当に愛しているなら、彼女のためにいのちを賭けなければダメだぞ」と諭されたことなどありません。そのような言葉は、情熱を失った人のためにあるのです。その人たちの部屋はきれいに掃除されているかもしれませんが、そこには家具がなく、うわべだけの愛が空しく響くだけで、雨のない雲のようです。

恋人というのは、放っておいても愛し合うものです。彼らの骨の中には愛があるので、そうせざるを得ないのです。しかし真の愛は磨きをける必要もあります。さもなければ、そのうち炎が消えてしまい、二人の関係は単なる義務と犠牲になってしまうからです。ソロモン王とシュラム人の花嫁は、互いの愛に磨きをかけ合った良き模範です。二人のラブレターを読んでいると赤面してしまい、思わず「おいおい、お二人さん。いい加減にしてくれよ」と言いたくなります。ソロモンと花嫁のやり取りをいくつか見てみましょう。

シュラム人の花嫁

あの方が私に口づけしてくださったらよいのに。あなたの愛はぶどう酒よりも快く（雅歌一・2）

愛する方の声。ご覧、あの方が来られます。山々をとび越え、丘々の上をはねて。

私の愛する方は、かもしかや若い鹿のようです。ご覧、あの方は私たちの壁のうしろにじっと立ち、窓からのぞき、格子越しに伺っています。（雅歌二・8〜9）

さあ、起きて町を行き巡り、通りや広場で、私の愛している人を捜して来よう。」私が捜しても、あの方は見あたりませんでした。（雅歌三・2）

花婿であるソロモン

ああ、わが愛する者。あなたはなんと美しいことよ。あなたの目は、顔おおいのうしろで鳩のようだ。あなたの髪は、ギルアデの山から降りて来るやぎの群れのよう、あなたの歯は、洗い場から上って来て毛を刈られる雌羊の群れのようだ。それはみな、ふたごを産み、ふたごを産まないものは一頭もいない。

あなたのくちびるは紅の糸。あなたの口は愛らしい。あなたの頬は、顔おおいのうしろにあって、ざくろの片割れのようだ。あなたの首は、兵器庫のために建てられたダビデのやぐらのようだ。その上には千の盾が掛けられていて、みな勇士の丸い小盾だ。あなたの二つの乳房は、ゆりの花の間で草を食べているふたごのかもしか、二頭の子鹿のようだ。

そよ風が吹き始め、影が消え去るころまでに、私は没薬の山、乳香の丘に行こう。わが愛する者よ。あなたのすべては美しく、あなたには何の汚れもない。（雅歌四・1〜7）

どうです。情熱的でしょう！（私は「あなたの首は塔のようで、あなたの歯は雌羊の群れのよう」というやつをキャシーに試してみましたが、キャシーにはあまりそぐわなかったようです。別の表現を使ったほうがいいでしょう。）私とキャシーは結婚して四〇年以上になりますが、私たちの結婚生活が退屈だったことは微塵（みじん）もありません。夫婦で情熱的な人生を送ることは、ひとつの冒険です。それにしても、ソロモンやその花嫁のように裕福な人生というのは、どういうものだったのでしょうか。彼らは聖歌隊を後に従え、一日中ラブソングを歌わせていたのですから！

世の人々は、いのちを賭ける価値があるものを捜し求めています。そこに生き甲斐を見出すためです。大抵の人にとって人生はとても退屈なため、テレビや映画に夢中になっています。画面の前に座って人生が始まるのを待ち望んでいる人が大勢いるのです。その人たちの人生からは情熱が抜き取られており、俳優たちの演技を傍観しながら、自分もあのような人生を生きてみたいと憧れるだけです。誰が言ったか知りませんが、「無益な心は、悪魔の遊び場」とは、よく言ったものだと思います。危険な場所で野営をするときは、猛獣に襲われないよう焚き火を絶やしてはいけないとよく言われます。しかし心に火を灯していれば、悪魔が宿営に近づくことなどないのです。これこそ、本章で私が一番言いたいことです。

使徒パウロの言い方が的をついています。「愛は決して絶えることがありません」（第一コリント一三・8）。これまで自分自身や、他の人のための個人的な霊の戦いで勝利する方法を述べてきました。たとえすべての方法が失敗に終わっても、愛が敗北することはありません。愛に破ることができないほど堅固な牢獄は存在しません。愛が解放できないほど強力な捕縛者は存在しません。愛が人を回復できないほど酷い罪は存在しません。真の愛は、敵にとって手も足も出ない秘密兵器です。戦場に愛を投入するなら、いつでもサタンを稲妻のように落とせます。

読者が愛で満たされますように。あなたに聖霊の導きがありますように。父なる神が、愛をもってあなたを抱き締めてくださいますように。人生を取り戻す時は来たのです！

■著者紹介

クリス・バロトン

クリスとキャシー・バロトン夫妻は結ばれてから36年になりますが、二人は今も幸せな夫婦です。二人には4人の子どもと8人の孫がいます。子どものうち3人はフルタイムの奉仕者です。クリスはベテル超自然ミニストリースクールの共同創設者であり、監督主任でもあります。同校は開校して13年ですが、1,300人余りのフルタイムの生徒を有しています。またクリスは、モラル・レボリューション（道徳革命）という文化改革を使命とする団体の創設者および総裁でもあります。

クリスはベテル教会（カリフォルニア州レディング市）の准主任牧師であり、ビル・ジョンソン牧師と共に33年余りにわたり奉仕しています。本書のほかにも6冊の著者があり、その中にはベストセラーになった「ヘブンリーレイン／天国の雨」や、ビル・ジョンソン牧師との共著「王家の者として生きる」があります。クリスは、その明解な洞察と機知に富んだ説教のゆえに、国際的なカンファランスの講師としても引っ張りだこです。

クリスへの問合わせや彼の著書に関する詳細は、www.kvministries.com、またはクリスとキャシーのフェイスブック・ファンページ、www.facebook.com/kvministries.までどうぞ。

スピリット・ウォーズ

ー見えざる敵にうち勝つー

2015年1月15日　初版発行

著者　クリス・バロトン

翻訳　マルコーシュ翻訳委員会

発売所　マルコーシュ・パブリケーション

滋賀県東近江市種町1626

TEL 0748-43-2750　FAX 0748-43-2757

定価　（1700円＋税）

印刷所　モリモト印刷